現代異談
首塚の呪術師

籠 三蔵

竹書房
怪談
文庫

※本書は体験者および関係者に実際に取材した内容をもとに書き綴られた怪談集です。体験者の記憶と主観のもとに再現されたものであり、掲載するすべてを事実と認定するものではございません。あらかじめご了承ください。

※本書に登場する人物名は、様々な事情を考慮してすべて仮名にしてあります。また、作中に登場する体験者の記憶と体験当時の世相を鑑み、極力当時の様相を再現するよう心がけています。今日の見地においては若干耳慣れない言葉・表記が記載される場合がございますが、これらは差別・侮蔑を助長する意図に基づくものではございません。

まえがきのようなもの

世の中が随分とキナ臭くなった。

二〇二〇年、新型コロナの流行辺りを境にして、災害やら戦争やら猟奇犯罪やらが立て続けに起こり、人の気持ちが荒《すさ》み始めているのか、どうもこの世が百鬼夜行っぽくなった。そんな感じがしてならない。ちょうど私の「現代雨月物語シリーズ」の第一冊目である『方違異談』が竹書房から発売された頃である。

文章化はしていないのだが、先の著書発売と同じ頃、掲載された「黒蟠虫《こくはんちゅう》」を読んだ読者の方から、同じようなものを街中で、或いは野外で見たという問い合わせが三件ほどあり、類似の書き込みをネットで見掛けたこともある。

これはどういうことなのだろうか。

「黒蟠虫」は呪詛絡みの特殊な事件と思っていたが、そんなものが当たり前に街中を闊歩《かっぽ》しているとはどういうことなのだろうか。

不可思議な危機感にいても立ってもいられなくなった私は、本書にも登場する、あの有名な陰陽師の「安倍晴明」が勧請《かんじょう》した東京・葛飾区の「葛飾熊野神社」に世の安泰を祈念する意味で、著書の印税から二枚の絵を奉納する決意をした。

そして、社を訪れたその月、ふと見ればそこには菖蒲《しょうぶ》の葉で作られた「軒菖蒲」がしつらえてある。宮司の千島氏に尋ねると、毎年この社で行われている行事であるということなのだが、私は違う意味でゾッとしてしまった。先の「黒蟠虫」は「蟲毒」という「呪術」から生じる怪異ではないかと作中で言及しているのだが、資料によると「蟲毒」の「蟲」は菖蒲に弱く、その葉や汁に触れると溶けてしまうというのだ。この奇妙な偶然もまた何を意味するものなのだろう。

やはりこの社は、私が頼るべき場所だったのかもしれない。

しかし、その「蟲」は、一体何処からやってきたと言うのだろう。

二〇二〇年に産声を上げた、私の執筆する「異談集」も早いもので五冊目の発売を迎えることができた。今回より「現代雨月物語」のサブタイトルを外してリニューアルするとともに、本書では小説家志望だった私が「こちら側」に深く首を突っ込む契機となった「ある事件」と、その類話を中心に話を纏めている。

異形・あやかしの類は「人の強い想い」に魅かれてやってくるという。或いはその強い想いが「心霊現象」を産み、時には「念の異形」を生み出すことを、これら数々の証言や体験談を通して、読者の方々は知ることとなるだろう。

それは果たして「心霊現象」の一環なのか、はたまた俗に言われる「ヒトコワ」というジャンルに属するものなのか、私自身、判断に迷うところがある。

但し「本当に怖いのはニンゲン」という巷説に関しては、私は全くその通りだと考える。恐らくそれらの現象の大半は「ヒト」の営みが引き起こしているのだから。そして「人を呪わば」の通説の通りに「見返り」というものは良くも悪くも自身に跳ね返ってくるのだという逸話も、それらの間に幾つか収録している。

本書の最終ページを読み終えたとき、あなたの心の中にはどのような想いが去来するのだろう。選択肢を強制することはできないが、どうか世の中が全うな方向へ戻ることを願う方が多数いらっしゃることを、筆者は願うばかりである。
それでは再び、パンドラの箱の蓋を開いて、異談の世界へと御一緒に。

現代異談　首塚の呪術師

目次

転倒

筆者がまだ二十代の頃の話である。

ちょうど二度目の転職をしたばかりで、漸《ようや》く仕事にも手慣れてきた辺りの頃。職種は自動車関係であったが、そこの先輩社員の飯山さんと同時に仕事上がりとなった。先輩といっても飯山さんは当時の私より四つ年下で、二十歳になったばかり。仕事はできるが大変気性の激しい性格で、裏の顔は元暴走族のリーダー。

やはり強面《こわもて》が売りだった職場の所属長とも平気でぶつかり合うという、正真正銘「イケイケ」のノリの方で、当時の私は、とんでもないところに就職したなと思っていた。

その飯山さんと、ロッカールームで着替えていると、

「えっ？」

上着を脱いだ飯山さんの上半身、胸のど真ん中から腹部にかけて、一文字に切り裂いたような、巨大な手術痕が目に入ったのである。

「飯山さん、それどうしたんですか？」

「ああ、これな……」

飯山さんは、らしくない苦笑いをしながら、巨大な手術跡の謂われを語ってくれた。

私が配属になる二年前、既に飯山さんはその職場で働いていたが、裏の顔は暴走族のリーダーである。無免許で後輩達を引き連れて七五〇バイクを乗り回し、首都高や湘南で暴走していたという。いつか事故を起こすからと所属長からこっぴどく叱られても「自己責任っスから」と強気で取り合いもしない。

その日の夜も飯山さんは後輩十数人を引き連れて、鎌倉・湘南周辺を爆走していたそうである。その途中に、あの心霊現象で有名な「小坪トンネル」があった。

「小坪トンネル」といっても、現在は「新道」と「旧道」が存在する。

彼等が通り掛かったのは頭上に火葬場があるという、あの「曰く付き」のトンネルの方である。

「いいかぁ、お前らぁ！」

飯山さんは、小坪トンネルの手前でバイクを止めると、

「もたもたしてんじゃねえぞ、今夜は飛ばすからな。お前らぁ、気合い入れて、死ぬ覚悟でついてこいやぁ！」的な檄を飛ばし、そのままトンネル前に鎮座している、工事の事故犠牲者のために建立されたというお地蔵様に向かって小便を放った。

当時「小坪トンネルの怪談」といえば「フロントガラスに手形が付いた」という女性タレントCの強烈な体験談がマスコミを賑わしていて、心霊関係に疎い人間でもテレビや雑誌で一度は耳にしているという、そんな場所である。

「やっぱり飯山先輩は凄《スゲ》えや！」と後輩達は大盛り上がり、甲高い排気音と奇声を張り上げて、十数台のバイクは国道を疾走し始めた。

ところが。

先頭を切っていた飯山さんの七五〇のハンドルが、突然左へと引っ張られた。

バイクは火花を散らしながら横転し側壁に激突、慌てた後輩達が駆け付けると、ハンドルが飯山さんの腹部を貫通していたという。

「こいつはそんときの手術痕なんだよ。術後も三日三晩意識がなくて、医者も助からないかもなんて言ってたらしいぞ。俺は怖いもんなんかないけど、お化けだけにはもう手は出

さねえよ。お前もお化け舐めちゃ駄目だぜ?」
飯山さんは照れ臭そうに笑って、話を締めてくれた。

風習

十年ほど前、ある怪談会の場で、隣り合った大学生の青年から聞いた話である。

「……怖い話ありますよ。お聞かせしましょうか？　……」

彼は東京の大学に通っていたが、実家は北日本の某県だそうである。


「高校生の頃の話なんですけどね」


彼がその地域を包括する県立高校に入学したとき、懇意《こんい》になった友人がいた。

実家のある町から、少し離れた地区の出身で、出席番号が近かったためにすぐ仲良くなったそうである。

そして高校生活最初の夏休みが来た。

何気なく、この彼とお盆の予定について話していたときである。

「……俺は、夏休みの間、ずっと親類の家だから……」

少し浮かない顔で、彼はそんなことを口にする。

「えっ、夏休み全部？　何だつまんないなあ。一緒に何処かに出掛けようと思ってたのに……」

「いや、俺だけじゃないんだよ。うちの地区は十八歳以下の若いヒト、お盆の間ずっと遠くの親類や知り合いに預かってもらう決まりがあるんだ……」


そして彼は、その地区に纏わる奇妙な話を語ったという。

お盆の八月の十三・十四・十五日、その地区でも普通に迎え火を焚いて、普通に御先祖様を迎えるそうで、それは他所のお盆と何ら変わらない。

ところが日が落ちると各戸とも、雨戸を締め切って玄関を施錠、灯を消し早々に就寝してしまうというのである。

この理由というのが、いつの頃からそうなったのかは分からないと言うのだが、お盆の真夜中になると、奇声を上げながら、家々の戸をドンドンと叩き回り徘徊する「何者」かが現れるようになった。

この訪問者の来訪は、先のお盆の三日間に限られる。

そして、何事かと戸を開き、この者の姿を見た人間は死ぬのだという。

「そんな理由で、うちの地区は八月のお盆前になると、旅行者を含めて事情を知らない外部の人間を全部シャットアウトしてたらしいんだけど……」

ある年のこと、東京の医大に通っていたこの地区の若者が帰省中「そんなものは迷信だ。俺が正体を確かめてやる」と、家族の制止を振り切って、戸を開けてしまったそうなのである。

彼は玄関先でこと切れていた。

そんな事件があり、血気盛んで好奇心の強い若者らもこの地区に置いておくのは危険だと、夏休みの間だけ遠い地域に住む親戚や知り合いに預ける風習ができたのだという。


「何か都市伝説みたいな話でしょ？　でも僕はこの話、本当のことだと知ってるんです。どうしてかというと、ウチの母親がそこの地区の出身なんです。驚いて帰宅してからそのことを話すと『あら、じゃあまだ続いてるのね』とひと言。だから本当だって確信したんですが、その『お盆の訪問者』って、一体何なんでしょうね？」

厨房

こちらも、やはり十年近く前の話である。

私が自宅デスクで怪談体験者の提供談を整理していると、不意に傍らの携帯電話のメール着信アラームが鳴った。差出人は、当時交流があったミサキという霊感の強い女性である。何事かと開いてみると「今さあ、凄い現場に直面してるのよ」との書き出しで、こんな内容が記されていた。

ミサキには、あるお気に入りの町中華の店があった。

そこは某私鉄路線のガード下に位置していて、入り口は狭く目立たない。地元出身の御主人に連れてこられたこの店は、ラーメンは昔懐かしの正統派醤油味。チャーハンは卵がふわふわなのに米や具材とよく絡み合い、中華丼も餃子も定食も、そして何種類か扱っていた洋食メニューも、どれを取っても滅法美味しかった。

ミサキはこの店がすっかり気に入って、御主人と一緒に、二週にいっぺんは足を運んで、ラーメンやチャーハン、そしてカレーやオムライスなどの洋食メニューに舌鼓を打っていたそうである。

ミサキ達夫婦が陣取るのは、いつも厨房前のカウンター席。

厨房の中では白衣にコック帽を被った初老のコック長、調理を手伝う奥さんらしき方と娘さんらしい女性、見習いの息子さんらしい青年が一人。ホールで駆け回り、オーダー取りの給仕を行っているのは、青年のお嫁さんらしい女性である。

どうやら家族経営で店を回しているようだが、地元では人気店らしく、ネットでも評判の良い書き込みがされており、客の途絶える暇がなく、四人はいつも厨房でてんてこ舞いだった。

それでも老練な表情のコック長の火加減や鍋捌きは鮮やかなもので「あのコック長のあの手腕で、この店の味が保たれているんだね」などと、御主人とよく話していたそうである。

ところがある年の年明け。

厨房から、このコック長の姿が消えた。

厨房では奥さんと娘さん、そして弟さんの三人だけが、相変わらずのてんてこ舞いで注文された調理をこなしている。

「コック長さん、体調でも崩しちゃったのかな？」

「あの店旨いから、いつも客で一杯だしな」

それでも三人が団結して「味」を落としていないのは凄いねと会話しながらも、ミサキら夫婦はコック長の姿を見ることがなく、やがて三か月が過ぎた。


その日、珍しく客足が少なく、ミサキ夫婦のラーメンチャーハンを運んだところで、厨房の三人組はひと息ついたそうである。そこでミサキは声を掛けてみた。

「……あの、すみません。こちらのコック長さん、暫くお見掛けしないんですけど、何処か体調でも悪いんですか？」

「……え？」

厨房にいた調理服姿の奥さんと娘さん、そして弟さんはきょとんとした顔をしてミサキを見た。テーブルを片付けていたお嫁さんも首を傾げる。

「……ほら、こちらの厨房って、いつも四人いらしたじゃないですか？」

奥さん、娘さん、弟さんの三人は、意味が分からないという顔をしている。

「ウチの厨房は、スタッフ三人しかいませんよ」

ええ、あれぇ？　とミサキが声を漏らす。いや、四人いましたよ、僕もいつもここから調理しているところ見てましたよ、ここにいる三人さんと、もう一人、男性の方がと御主人が割って入る。いやでもウチの厨房は本当に三人ですよと調理服姿の奥さんが訝しそうに返事を返す。

「いやでも、僕等は確かに見てるんですよ。こちらの三人の他にもう一人、少し痩せた、背の高い、六十歳位の……」

御主人がそこまで言うと、三人はハッとしたように顔を見合わせた。

娘さんが慌てて店の奥にダッシュする。

何か妙な雰囲気になっちゃったなと、ミサキと御主人が顔を見合わせていると、奥に引っ込んでいた娘さんがアルバム片手に飛び出してきて、二人の前で手早くページを拡げた。

「その四人目の人って、この人ですか？」

何処かの旅行先で撮られたものらしい。調理場にいる奥さん、娘さん、弟さんの三人に挟まれて、痩せ気味の初老の男性が笑っているスナップ写真である。

写真の男性は、明らかに厨房にいたコック長らしき人だ。

「あっ、そうそう。この人、この人ですよ」

ミサキがそう言って、御主人も頷くと、アルバムを持ってきた娘さんがうわあっと泣き崩れてしまった。

懐からハンカチを取り出し、奥さんが溢れる涙を拭いながら呟いた。

「この人、ウチの主人なんです」

「ええ？　じゃあ、やっぱり四人いたんじゃないですか？」

アルバムを拡げた娘さんが、涙声を上げた。

「お父さん、三年前に亡くなっているんです！」

「――そんな訳で、今、奥さんと娘さんは号泣中って感じ。旦那は弟さんと厨房にいたコック長さんがどんな感じだったのかを熱心に語り合ってる。こんなお話なんだけど、十分使えるでしょ？」

ミサキから場所を聞いた私は、某日、こっそり店を訪れてカウンター席に陣取り、ラーメンとチャーハンを注文しながら、件の厨房の様子を眺めていた。

奥さんらしき初老の女性と、三十代位の娘さんが、注文された料理をせっせとこなし、二十代の後半とおぼしき弟さんは餃子を焼いていた。

件のコック長の姿は残念ながら見ることができなかったが、目の前に運ばれてきたラーメンとチャーハンは、チェーン店の中華などでは味わえない程美味であったことを、重ねて付け加えておくことにする。

首塚の呪術師（前）

「……呪術とは、神や精霊などの超自然的力や神秘的な力に働きかけ、種々の願望をかなえようとする行為、および信念。まじない・魔法・魔術など」

（Ｗｅｂｌｉｏ辞書より引用）

現在でこそ、テレビアニメやコミック誌の影響で、一般にも大分浸透した感のある、この「呪術」という言葉だが、少なくとも私が怪談異談を扱うようになってから暫くは「こちら側」の業界の方々にとってさえ、異端の分野だったと言っても差し支えなかった。最も十数年前までは、憑き物落としの社として有名で、また関東有数のパワースポットと呼ばれる狼信仰の聖地・三峯《みつみね》神社ですら「それ、何処にあるんですか？」と怪談執筆者の方々から質問されるような状態であったのだから、ある意味仕方がないと言えばそうだったのかもしれない。

この「首塚の呪術師」の挿話は『現代雨月物語シリーズ』の三作目である『身固異談』のオープニング「身固」のスピンオフ的な、呪術師絡みの事件である。

大分以前に別の形で発表したこともあるのだが、当時は先にも記したように異端的な挿話でもあったため、怪談として受け入れ難かった方も多く、そこがこの異談の「肝」であり醍醐味となっているのだが、果たして現在でも「それ」をどれだけの読者が信じ容認するのだろうかという危惧が筆者の中には存在する。

だが、それでも貴重な意味を持つこの挿話を再び纏めてみたいという欲求が私の中にあったのも事実であり、その機会を設けて頂いたことを、版元や編集者の方々に感謝を述べる次第である。但し、紙面その他の諸事情により、本文には本筋が外れない程度の脚色が施されていることを、初めにお断りしておく。

「身固」は、救急隊員を務めていた筆者の学生時代の友人・北林（仮名）が、救急搬送先で死亡した若者の霊に取り憑かれ、神社のお祓いでことなきを得たものの、それを皮切りに、もっと強い「御利益」を齎《もたら》すものを求め、誤った方向、いわゆる「カルト」に走ってしまい、相応の反動「報い」を受けてしまう話である。

だが、そんな彼を「沼」へと引き摺り込んだのが、現在のように都市構想の一部とした形で改築される以前の「旧将門首塚」に巣食っていた呪術師もどきだったと言ったら、読者の皆様はどう思われるのだろうか。しかもそれが「紛いもの」のペテン師などではなく、実際に「呪力」を行使できる人間だとしたら。

この現代の都会のど真ん中に於いて、そんな人物が本当に存在したのかと疑いになられるのではないだろうか。友人・北林の誤った探究心は、またしても「巻き込まれ体質」の私を不可解な異界へと引き込んでしまった。

この挿話の内容を信じる信じないは再び読者様方の見識にお任せするとして、私は自身の身に降り掛かった事件の詳細を、許される範囲で再現していきたいと思う。再度のお付き合いをお願いする次第である。

「平将門の首塚」と言えば、この本のページを捲っている方で、知らないと仰る方はいないかと思う。だが念のために、簡単なお浚《さら》いを述べておくことにする。

――平安の昔、京の朝廷の重税に苦しむ民草《たみくさ》の苦悩を見かねて、皇胤《こういん》の血筋である豪族・

平将門公が関東独立を唱えて反乱を起こした（承平・天慶の乱）。この乱は関八州の民草からは大いに支持されたが、朝廷側から命を受けた藤原秀郷《ふじわらのひでさと》・平貞盛率いる朝廷軍の手によって、奮戦虚しく鎮圧され、関東独立国家の夢（天慶の乱）は三か月で幕を閉じ、将門公の首は京の御所周辺に晒し首とされた。だが、この将門公の晒し首が「もう一戦交えようぞ」と叫びながら宙に舞い、空を飛んで関東に舞い戻り、力尽きて落ちた場所がこの大手町の首塚だという。

この平安の昔からこの場に鎮座する「将門公の首塚」を潰したり、移動させようとすると、何故か人死にや怪事が頻発し、当時の大蔵省や太平洋戦争後に日本の治安監督を牛耳ったアメリカのGHQでさえ恐れをなして手を引いたとされる、別名「祟りの首塚」――。

某怪談の巨匠H・Y氏に「一〇〇パーセントの場所」と言わしめ、二〇二〇年の大手町再開発工事に於いても、移転や取り潰しが行われることなく、一千年の時を隔てながら、現在も姿を残しているのが、この「平将門の首塚」なのである。

昭和世代の怪談本には、この首塚に尻を向けて座っていた企業の役員らが突然死したとか、真夜中にここから出てきた丑の刻参り風の女にタクシーの運転手が追い掛けられた話や、首塚の写真を撮ろうとすると髪を振り乱した首が迫ってくる、そうしたエピソードがまことしやかに紹介されていて、映画「帝都物語」でも撮影中に様々な障りがあったと雑誌などで取り上げられていた。私がこの首塚の怪異について初めて知ったのも、某少年雑誌に掲載されていた「怪談丸の内」というタイトルの心霊特集であった。そうした数々の記事に目を通していたせいなのか、首塚は私の中で「興味本位で行ってはいけない禁忌の場所」と認識され、本能的に距離を取っていた場所でもあった。

そして、時代は少し進み、舞台は平成の世へと移る。

本書の版元・竹書房が発売している怪談文庫の人気シリーズ『「超」怖い話』が、当時の版元のK社から発売された頃、私は某有名オカルト専門誌Mの創作ホラー公募部門で優秀賞を頂いた。

とはいえ、他人様に読んでもらうような文章を書いたのはこのときが初めてであり、選考委員らの批評はかなり辛辣なものであった。このため私は「次こそ、委員の方々を唸らすような、しっかりした設定の作品を書き上げよう」と意気込んでいた時期でもあり、そのための着想や構想もあった。

それは先に述べた平将門の「天慶の乱」をテーマにした伝奇ホラー作品で、まだ業界では誰も手を付けていないある逸話が、世に伝わる「将門伝説」にそっくりだと気付いた私は、それを肌で感じ取ろうと、舞台となった岩井（現坂東市）や筑波山周辺の伝承地に足を運び、コツコツとフィールドワークを重ねていた。


ところがこの「大手町の首塚」だけは、先に述べた理由でなかなか足を運ぶふんぎりが付かなかった。何しろ相手は「一〇〇パーセントの場所」だ。角川映画「帝都物語」の撮影に際しても色々障りがあったと聞いているのに、そこにいきなり押し掛けて「私の小説の題材に使わせて下さい」もないだろうという葛藤がずっと付き纏っていたのである。

しかし茨城県のフィールドワークでは続々と見つかる面白い発見と、それに纏わる怪奇現象があり（この頃の体験の蓄積が、現在の怪談執筆にも大いに役立っている）今回こそ審査員を唸らせる設定の作品を仕上げたいという内面の欲求が一千年に亘る恐怖に打ち勝った。覚悟を決めた私は、その年の、将門公の命日（新暦ではあるが）を選んで首塚に許しを乞いに行くことにしたのである。

その年の二月十四日の朝九時。

百合の花束と一升瓶の御神酒《おみき》を抱えた私が大手町の首塚を訪れると、初老の男性が一人、竹箒を持って境内を掃除していた。

「何だねあんた、〈将門さま〉に何か用かね?」

両手に御供物を抱えた人間が珍しかったのか、塚の短い階段を上り終えた瞬間、そんな声を掛けられた私は〈将門さま〉のひと言に畏怖してしまい、境内にいたこの男性に、お参りに来た理由を隠さず打ち明け、手にしている御供物も、決して冷やかしで来たのではないという証しで持参したのだと付け加えた。

「ああ、そうなのか」

男性は笑って頷くと、先に述べたような将門首塚の謂われを説明し始めた。

何しろ首塚初参拝のときの出来事である。

心霊スポットと騒がれるこの場所が、実はこんなに穏やかな空気で、境内にいた男性も参拝に来る方々全員に、こうした説明を親切に行っているのだろうと初めは思っていた。

ところが男性は後から来る参拝者らには会釈をするのみで、彼等が立ち去ると、首塚に纏わる都市伝説さながらの逸話を更に幾つも披露してくれた。

（筆者注・このとき、後から訪れた一人の若い女性が、話し込む私達の目を盗んで首塚から一個の小さな敷石を握って持ち出そうとした。するとそのタイミングで、当時隣にあった日本長期信用銀行駐車場の出庫ベルが突然鳴り響き、この女性が「キャッ」と叫んで石を放り出し逃げたというハプニングまで起きた）

そこそこの長い時間、男性に付き合って話を伺っているうちに、私はこの首塚という場所に対する「恐怖」がすっかり失せていることに気が付いた。

それはまるで「怖がることはない」と諭されているような空気感でもあった。

「……初めてこの場所に来たのですが、初参拝で沢山のお話を伺えて、とても良い経験をさせて頂いた気がします。色々とありがとうございました……」

私は男性にそう告げると、塚に手を合わせて香を焚き、一升瓶と花束を供え、一礼して帰ろうとすると「待ちなさい」と声が掛かった。

「あんた、首塚に触っていきなさい」

既に発売されている別シリーズ「現代雨月物語」の既刊中で、私が「背筋が凍り、言葉の接ぎ穂を失う」という体験表現を何度も挙げているのだが、このときも突然の男性の台詞に全身が固まってしまった。

何しろ相手は時の大蔵省やＧＨＱをも震え上がらせた稀代の御霊である。さっき塚の石を持ち出そうとした女性の顛末も見たばかりだ。突然やってきたその日に、それは余りにも畏れ多いからと、私は辞退を申し出た。

ところが件の男性曰く、

「……いや、あんたみたいな真面目な人は大丈夫。世間ではここを『心霊スポット』とか『祟りの首塚』とか言ってるけど、将門さまはね、ちゃんと見てるから。将門さまはね、悪政に苦しむ民衆のために戦った『英雄』で『神様』なんだよ。そんな『神様』が真摯な気持ちで来た人に祟りなんか試す訳がないだろう。大丈夫だよ。あんたは礼節を重んじてきたんだから、怖がることなんか何もないよ」

男性はそう言って「南無阿弥陀仏」と彫られた塚の表面を掌で触れた。

「……私もここの掃除を終えた後、こうやって塚に触れて、将門さまに毎日の御礼を述べているんだ。別に何もあったりなんかしないよ。さ、あんたも今日ここに来た目的を、キチンと将門さまに伝えて帰りなさい」

ごくりと生唾を飲み込みながらも、覚悟を決めた私は、男性が手を置いた場所に掌を添え、それでも願い事を伝えるなど畏れ多く、ただ「暖かくお迎え頂いて感謝です、ありがとうございます」とお伝えするのが精一杯だった。

実のところ、この首塚初参拝の折りに、境内を掃除していた男性が誰だったのかは、現在でも分からない。何しろ私の準備など関係なしに、事象だけが勝手に進んでいくという「いつもの急展開」が起きてしまったせいで動転してしまい、どういう方なのかを聞き忘れてしまったのである。但し「自分はお許しを頂いたのだから」と慢心して、その後参拝するごとにベタベタ手を触れていくような軽率な真似も勿論していない。相手は江戸幕府の開幕以来、三〇〇年もの間、この地を護ってきた東京の守護神なのだ。あれは恐らくあのときだけの「特別な何か」だったのだろうと自身では認識している。

残念ながら、件の伝奇ホラー公募に関しては、三回目の募集を最後に企画が終了してしまったために、私の書いていた作品は日の目を見ることがなかった。だがこの件を皮切りに、私は親しみの湧いた「一〇〇パーセントの場所」にちょくちょくと足を運ぶようになり、「二月十四日」には日本酒と花束を持って御挨拶に出向くことが自分自身のルーティンと化していた。

こうして私の将門首塚への「首塚参り」と「二月十四日の御命日参拝」は、ここから五年に亘って続くことになる。しかしそれからは一度も「首塚を触っていけ」と言った、あの男性に再会することはできなかった。

そして五年の月日が経過したその日。

今度は「あの男」がそこにいた。

その年の将門公の命日、二月十四日。

私がいつも通りに日本酒と花束を抱えて将門首塚へ出向くと、そこには先客の姿があった。一瞬、初参拝のときの男性の姿が脳裏を過ぎり、私は塚の階段を早足で上り、そこからまた立ち止まってしまった。

塚の石碑の前には沢山の蝋燭が点された仰々しい「祭壇」が組まれ、それを前に大柄の男性が胡坐《あぐら》を掻きながら両手を拡げてぶつぶつと何事かを唱えている。リズム感から察するに何かの「真言（マントラ）」のようだった。

それはまるで「何かの召喚儀式」を行っている異様さを放っていて、思わず私は歩を止めてしまったのである。すると真言を唱えていた男がこちらを向いて、面倒臭そうな表情を刻みながら石畳から立ち上がった。

でかい。身長百九十センチはあるだろう。しかもただ大きいだけではなく、それに釣り合った肩幅と骨太の体躯はまるでプロレスラーのようだ。容貌もＵＷＦのプロレスラー高田延彦と異種格闘技戦を行った悪役格闘家の北尾光司にそっくりで、あのときの温厚そうな男性とは、全くの別人であった。

それどころか目つきに険があり過ぎる。両手に供物を抱えた私の到来を、これ見よがしに面倒に思っている空気が見え見えであった。

「参拝の方ですか」

言葉使いは丁寧だが、棘《とげ》のある目つきやふてぶてしげな表情は、上から目線そのものである。そうですが、と私が言葉を返すと、男は境内の立て看板にある将門首塚の概要を棒読みで口にして「どうぞ」と私を促した。何だこの男と訝しげに思いながら、私は無数の

蝋燭が点された祭壇の前に、持参した花束と日本酒を供え、いつものように線香に火を点けた。すると、

「馬鹿者がっ！」

大男は怒鳴りながら線香を取り上げると、首塚の香炉の台で叩き潰すように消してしまったのである。

「何をするんですか！」

私からも、思わず怒気を含んだ声が漏れた。

「あんたは何も分かっちゃいない。ここで香など焚いてはいけない！」

「ふざけるな。私は五年前から将門公の命日に、ここで香を焚かせて頂いてるが、今まで文句を言われたことなどない。大体、塚で香を焚いちゃいけないって、あんた、どんな理屈でそんなこと言ってるんだ？」

その言い回しに私が喧嘩腰になると、男は一瞬引き攣《つ》ってから、私の顔を凝視して唇を釣り上げ、ニヤリと笑った。

「……なるほど。『少し分かる人』なんだ。じゃあ教えてやるよ。ここにいるのは『将門』ではない。出雲の神だ。スサノオノミコトだ。ここは本当は神社の跡なんだよ。だから香

など焚いては駄目なんだ……」

突然の意外な台詞に私が戸惑うと、大男は邪魔者を追い払うかの如く「さあ、参拝が済んだなら、もうお帰りになって下さい」と嫌味に手を振った。

何という傲慢な男なのか。

それがこの首塚の呪術師・御厨《みくりや》（仮名）と私の、第一の遭遇だった。

後から知ったことであるが「香」には、場を浄化して沈静化させる効能があるといわれている。つまり首塚の前で祭壇を築いて何事か（召喚？）をしていたこの男は、香の浄化作用で「それ」が霧散してしまうのを防ぐために、慌てて私の手から香をひったくったのではないかと今では思っている。

ただ、怪談屋としての現場経験が浅かった当時の私には、それらを関連付けて考えるだけの「スキル」がなかった。ある程度の予備知識を持ち合わせていた私でさえそんな有様なのだから、一般の参拝者はもっと考えもしなかっただろう。

何しろ塚の前で堂々と祭壇を組んで祈祷を行っているのだから、この男が首塚に何らかの管理権限をもった「関係者」と思うのは当たり前である。そんな人間から注意を喚起されたらすごすごと帰るしか術がない。私でさえこのとき、初参拝から五年の年月が経っていたので、この場所の管理責任者が変わったのかもしれないと、合理的な回答に着地して、仕方なく帰途に就いてしまった。

そして、今現在、あの感じの悪い大男が幅を利かせているのなら、首塚の参拝は暫く控えた方がいいとまで考えていた。

誰でも不愉快な目に遭いたくはないからである。

あの初参拝のときの温かな感じが、土足で踏み躙《にじ》られたような気もしていた。


ところが現実は時によって、小説のストーリーを凌いでしまう。

この不快な首塚参拝の半年後、私は最寄り駅近くの書店で小中学校の同級生である北林と再会する。そしてそこで、自殺した少年の「霊障」に悩まされ休職中の彼の身の上を知り、神社でのお祓いを勧めることになる（『身固異談』収録の「身固」を参照のこと）。

だが、この経験から、そちら方面の「力」に魅せられてしまった北林は、更に自身の願いを成就させる「場所＝スポット」を求めるようになり、その目に余る「現世利益」の追及姿勢に私が距離を置くようになると、自身で「パワースポット」と呼ばれる様々な場所を調べては、そこに出向くようになったのである。そんな北林から、久しぶりに一通のメールが届いた。

「……××君（私の本名）、暫く御無沙汰だけど、元気かい？　最近は忙しい忙しいって、一緒に神社参拝もできないけど（筆者注・神社仏閣での北林のマナー違反が目に余るほど酷く、私の方から恣意的に避けていた）新しい小説の構想は進んでいるのかな？

実はある場所で凄い人と知り合いになったんだ。××君流に言わせると『超能力を使える人』っていうの？　知ってるだろ、僕の休職の理由。医者が一年掛けて治せなかったことの症状を、その人は呪文（筆者注・北林はそちら方面の知識に疎かったので、祝詞《のりと》や真言という単語を知らない）で治しちゃったんだぜ？　何か凄いでしょ？　小説のネタになるかもしれないから、紹介してあげるよ。今度の週末にでも会えないかな？」

この頃の北林は、神社のお祓いを経てから小康を取り戻し、暫くは拝領した御札を祀るなどしていたが、まだ職場復帰の段階にはほど遠く休職は続いており、通院の合間にジムなどに通って体力回復を図っていたが、やがて「もっと験力《げんりき》や御利益の強い寺社仏閣を知らないか？」と私にせがむようになった。

私にはよく理解できない概念なのだが「このような力が本当に存在するなら、強力な場所にもっと沢山願いを叶えてもらった方が得じゃないか？」という独自の解釈を展開するようになったのである。

私が、願を叶えるためには、ある程度の「対価」が必要になる。今、北林に必要なことは一日も早く健康を回復させて家族を安心させることだ、身の丈を越した願を掛けることは危険なのだと幾ら説明しても「だって神様や仏様は正義の味方なんだから困った人を助けるのは当たり前じゃないか」と全く受け付けない。

私が指摘した「対価」という「概念」も賽銭の金額と思い込んでいる様子だったので、これ以上「こちら側」に踏み込ませるのは危険だと少し距離を置いたのは説明済みだが、納得の行かない彼は、どうやら自身でネット情報を検索して、あちこちのパワースポットと呼ばれる場所を訪れていた様子である。

生真面目ではあるのだが、学生時代から「熱し易く冷め易い」性格の北林は、先に述べたように寺社へ通う理由も「御利益優先」の姿勢が強いため、気が進まないものがありはしたが「その道」へのベクトルを指し示してしまったのも、他ならぬ私である。多少の責任を感じないこともない。文面から判断するに何か何処かで「その手」の人間と知り合ったのかもしれないのだが、それは本書で言及しているような「黒い力を駆使する面々」の可能性もある。

北林はのめり込み易い性格なので、そんな彼等から「力」を見せつけられたらあっという間に虜となってしまうかもしれない。少し釘を刺しておいた方がいいかもしれないと、私は彼の誘いに応じることにした。

指定された三郷市のチェーン店コーヒーショップで再会した友人の顔を見て、私は「おや？」と首を傾げた。確かに肌の色艶も良く、別人のように覇気を取り戻している。三か月ぶりの再会だったが、テーブルに座っている北林の顔には、エネルギッシュな笑みが浮かんでおり、こちらに向かって元気に手を振った。

とりあえず無難な挨拶を交わして着席し、アイスコーヒーをオーダーすると、友人は興奮冷めやらぬ調子で「まだ家に神棚とか祀ってるの？」と私に問い掛けた。そうだけど、と返すと、北林は得意満面な表情を浮かべて「あんなの頼りになんかならないと思うよ。神社に行って十円入れてパンパン！　で願いが叶う訳なんかないんだよね。やっぱり、本物の人は違うんだよ」

お祓いを経て、やや健康を取り戻した彼は「そちら方面」に興味を持ってくれた迄は良かったのだが「こんなのを買って勉強した」と見せてくれる本は殆どが「御利益バッチリ」「運が強くなる」を前面に出した新興宗教系のスピリチュアル本であり、私はそれを見る都度頭を抱え、過去に大事件を起こした某宗教集団にのめり込んだ信者らの中に、優秀な学歴や経歴を持った人物が多数存在した理由も、何となく理解できた気がしたものである。

そんな私の心情を他所に、北林は興奮した口調で、

「……あのさ、大手町にある将門首塚って知ってる？　そこが『東京で一番力が強いパワースポット』と口コミが多かったから、ちょっと行ってみたんだ。そしたらさあ、そこに凄い人がいたんだよ……」

ここから先は、そこで彼が体験したという出来事である。

その日、情報を得た北林が大手町の将門首塚を訪れると、「南無阿弥陀仏」と刻まれた石碑の前に、沢山の蝋燭を点した祭壇が組んであり、そこで熱心に祈祷を行っていた人物がいたのだという。

そういうシーンを初めて目撃した彼が驚いて立ち止まっていると、その男がこっちを振り向いて「あなた、今×××な症状で悩まされて、ここへ来たんでしょう？」と問い掛けてきた。

「え、何で分かったんですか？」と驚く北林を尻目に「ちょっとこちらへ来なさい」と男は手招きして、彼の背に手を当てると、丸の内のビルの谷間が蠢動《しゅんどう》するかのような大きな声で、何かの真言を唱えたそうである。

瞬間、北林の意識は嘘のようにスッキリして、身体にも力が漲《みなぎ》ってきた。

「これで大丈夫だと思うが、また同じ症状になったら来なさい。土日の午前中はいつもここにいるから」

その日は呆気に取られて帰途に就いたが、あれは一体何だったのかと気になって仕方がない。次の週末に首塚を訪れると、男はまた祭壇を組んで祈祷を行っていた。

彼は「御厨」と名乗り、ある霊山（筆者注・知識のない北林にはその名前がよく聞き取れず）で数年間の修行を経て、このようなことができるようになったといい、新たな機縁を求めて、この将門首塚に出入りしていると彼に告げた。

ここで私と北林の発想の違いが大きく出てくるのだが、何と、彼は面識間もないこの男に「自分もそういうことができるようになりたいので、やり方を教えてほしい」と単刀直入にせがんだそうなのだ。これが私であれば、何処の誰とも分からぬ相手にそんな術や技は教えてくれないだろうし、一朝一夕で修得できるものでもないと考えるのだが、知らないということは恐ろしい。

ところが、この御厨という人物は「それなら週末ごとにここに通って、私の手伝いをするように」と告げたそうで、北林は喜び勇んで、週末になると首塚に通うようになり、境内の清掃や男の祈祷祭壇の準備を手伝うようになった。

その間に彼は様々なことを知ったそうである。

私も知っているが、現在も将門首塚には実に多くの方が参拝に訪れる。

北林が御厨の傍らに佇んで例の「祈祷」を見守っていると、やはり何らかの持病なり鬱症状に苦しんできた方が現れる。すると御厨はそれをひと目で看破して「あなた、こういう病を患っていますね」と声を掛け、施術（？）を行う。参拝者はその場で元気を取り戻し、彼に礼を述べて明るい表情で帰っていく。そして、それらの人間の何割かが再び戻ってきて、北林のように「自分にもその技を教えて下さい」と乞うてくるそうなのだ。

ある週末の早朝に彼が首塚を訪れると、先客が塚の清掃をしていて、その男性もまた、同じ理由でここに通ってくるようになったという。

そして二か月も過ぎた頃になると、北林のように、そうした目的で首塚に集まってくる御厨のシンパは二十人余りいることが判明し、その誰もが、一刻も早く彼に気に入られて「秘術」を伝授してもらおうと下働きに励んでいたそうで、彼もまた他の者に後れを取るまいと、塚の清掃や供物の買い出し等、小間使いのような役割を進んで引き受けていたという。

（おいおい、一つの空間内で、幾人もの人間を互いに競わせるって、それって蠱毒《こどく》〈壺や瓶等の容器に虫を集め、殺し合わせる手法の呪術〉みたいな……）

ふと湧きあがった懸念を他所に、北林は淡々と喋り続ける。

「ところがさ、御厨さん、なかなかあの「呪文」を教えてくれなくてさあ……」

北林はある週、やはり早く首塚にやってきて清掃を行っていた藤村という男性と雑談をしていて、彼が同じ目的でここに通うようになり、かれこれ一年になるが「雑用も修行」と言われ続けて、まだ何も教わっていないということを知った。

「……だからさあ××君、今度の週末にでも首塚に付き合ってよ。俺が御厨さんにあの呪文聞かせてって言うから、それが何だか教えてほしいんだ……」

せっかちな性格の北林は、どうやら「秘術の伝授」をしてくれない御厨に苛立ち、その呪文（真言？）を覚えれば、病人を治せるあの技ができるのだと思っている様子で、私を頼ってきたらしい。

だが、私には別の懸念が脳裏を過っていた。

北林の言う、首塚に祈祷していた男とは、「あの男」のことではないのだろうか？

もう二度と会うまいと思ったのに、何故ここでまた接点が生じる？

そして、あんな素性の怪しそうな男が、そんな技量を持っているのかとも。

しかし、目の前にいる友人の姿は肌の色艶も良く、溌溂《はつらつ》としていて、お喋りにも澱《よど》みがない。駅前で再会したときの「やつれた彼」の姿は何処にもないのだ。

本当に「あの男」はそんなことができるのかと。

「北林さあ、ひょっとしてその御厨って、骨太でやたら背のでかい、プロレスラーみたいな奴じゃないの？」

「え、御厨さんのこと、知ってるの？」

「知っている。あの男にはあんまり関わらない方がいいかもよ」

「え、何で？」

「一度だけ首塚で顔を合わせているけど、悪い印象しかない」

「ええ？　何かの間違いじゃないかな？　御厨さんは凄くいい人だよ。塚はいつも綺麗に清掃しているし、参拝に訪れた方にはお参りの仕方を説明してあげているし、俺みたいな病気持ちが来れば、ただで治してくれているじゃないか。失礼だよ」

そう言われてしまうと、第六感的に「危険」を感じているものの、現実的には「単なる意見のすれ違い」で私がそう思っただけなのかもしれない。或いは「あの大男」とは別人の可能性もある。

自分の内側に生じた、不可解なもやもや。

それを一掃しようと、私は北林にこう返事を返した。

「分かった。今週末お付き合いする。ちょっと確かめたいこともあるからさ」

その週末の土曜日、私は一年数か月ぶりに、あの大手町の将門首塚を訪れた。

すると、あの二月十四日と同じ具合に、塚の前には沢山の蝋燭が点された祭壇が組まれ、その前で一人の男が五体投地（両手・両膝・額を地面に投げ伏して、仏や高僧などを礼拝する仏教の作法）のような姿勢で何事かを祈っている。

間違いない。あのときの男だ。

私がそう思うと同時に、北林が親しげな口調で声を掛けた。

「御厨さん、こんにちは。今日は友達を連れてきたんです」

男は祈祷を中止して立ち上がり、じろりとこちらを見た。相変わらずの上背といかつい表情には迫力があり、一瞬顔を思い出されたかと思ったが、どうやら忘れられていた様子で、その件に関しての言及はなかったため、私は「成りすまし」で北林の側から頭を下げた。

謎の男・御厨は友人の顔を見ると、うわべだけの笑顔を作ったが、その目には相変わらずの険が滲み出ている。とても彼の言うような「善人」には思えない。

「御厨さん、彼は小説書いてるんです。伝奇ホラーって言うんですか。だから以前御厨さんが僕にやってくれた呪文みたいなの、参考になりそうだから、あれ聞かせてやってほしくて誘ったんです。ちょっと彼にもやってみてもらえませんか？」

北林の懇願に、御厨はもう一度私の方を見て、

「駄目だ」

「え、何でですか？」

「彼には必要ないから」

北林がその台詞に首を捻っていると、私達の後から若い女性の二人組が首塚の参拝にやってきた。すると御厨はそちらに向き直り「参拝の方ですか」と、いつかの私に対してのように声を掛けた。二人が頷くと怪人は「どうぞ」と彼女らを誘い、案内板にある説明書きを棒読み口調で読み上げ「それでは二礼二拍手一礼で」と促し、彼女らの拝礼が終わると「お疲れ様でした」と素っ気なく出口に掌を向けた。

まるでそれは一連の流れ作業のようで、明らかに参拝者に対する善意など感じられなく、二人の女性も怪訝《けげん》そうな表情で出口に向かう。

（いや、これはやっぱり北林の方がそういう知識がないだけで、こいつ、明らかに人払いしてるだろう？）

そう見切った私は、少し自分の手札をチラつかせることにした。

「……あの、御厨さんでしたったけ？　前にも自分とこちらで、一度顔を合わせてますよね？」

その台詞に、御厨は眉を顰《ひそ》めた。

「一年前の将門公の命日の日ですよ。忘れちゃいましたか？　ほら、ここにいるのは『将門公』じゃないって……」

途端に大男は、ぎょっとした表情を刻んだ。

ここで私がもう少し畳み掛けようとしたところで、北林が傍からとんでもないイレギュラーをしでかしてくれた。

「御厨さん、呪文聞かせてあげて下さいよ。彼の実家の本家筋が、有名な陰陽師のAをお祀りしているんですよ」

今度は私がぎょっとする番だった。それは最後まで黙っていたかった切り札的なカードで、この場では飽くまで小説家志望の素人でいたかったのだが、昔からの付き合いである北林は、それをあっけなく暴露してしまったのである。

「おい、北林……」

「え、俺、何かいけないこと言った？」

空気の読めぬ友人の背後で、怪しげな大男の顔は鬼の形相と化していた。

「……なるほどな……」

怪人の言葉に私は首を捻った。何が「なるほど」なのか。

「……北林さん、悪いけどその方には何も話すことはないから。お引き取り願ってもらえませんか？　これでも私も忙しいんで……」

大男は不機嫌な表情で背中を向けると、祭壇の前に着座して、再び礼拝を始めてしまい、もはや取り付く島もなかった。もう少し御厨の情報を引き出したかった私は、心の中で舌打ちをしながら北林を睨む。

「ええー、御厨さん、そんな堅苦しいこと言わないで、いつもみたいに、あの『キエエエエエッ！』て奴、やって下さいよ……」

この期に及んでも、北林は空気を読めていない。もはや長居は無用と判断した私は、友人の袖を引っ張って境内の外へと出た。

帰り掛けに立ち寄った近場のファミレスで、私は北林に「何故余計なことを言ったのか」と詰め寄ったが、怪訝な表情をするばかりで、やはり彼には通じなかった。

私が睨んだ通り、御厨が何らかの呪法を駆使する「呪術師」の類であるとしたら、自分の情報は知識のある人間に極力知られない方が良策なのだ。もうこれで御厨は私に対して何の情報も漏らすことはないだろうし、下手をすれば厄介の火種になり兼ねない。いつもはあんな感じじゃないんだけど、と首を捻る友人に向かって「自分はこの件について今後一切関わるつもりはないし、北林もあの男とは関わりを持たない方がいい」と私は強調した。あの御厨という男は、知識のある人間に対して、自分があそこで何を行っているかを見せたくないのだ。だから私を問答無用で追い返した。一度ならず二度までも。

私は御厨との一番初めの邂逅のときの話をして、あの男は良くない目的を持っていると忠告したが、北林は口を尖らせて「そうかな？」を繰り返すばかり。

彼の目には「御厨は病気を治せる超人だが、きみはただの素人」という色が浮かんでいる。これ以上の進展は望めないと判断した私は「言うべきことは全部告げたよ」と言い残して彼と別れた。

真言を唱えるだけで、鬱や病気を抱える人間を治せるという輩が、一体あの場所で何をしているというのか。御厨が口走った「ここにいるのはスサノオノミコトで、将門はいない」とはどういう謎掛けなのか。

気掛かりな面は幾つもあったが、北林の思う通り、こちらは所詮素人だ。本物の「呪術」を取り扱う輩だとしたら、これ以上首を突っ込むのは危険過ぎる。もう、この件に関しては一切拘るまいと考えていたのだが、それは時すでに遅しの感があった様子である。

一週間ほどして、私の携帯に北林からのメール着信があった。

急を要することで、どうしても直接会って話したいという。先日ああは言ったものの北林は小学校以来の友人である。あの男から友人を切り離したかった私は彼の誘いに応じ、次の休日に例のコーヒーショップへと車で向かうと、北林は緊張した面持ちで、開口一番、仰天の台詞を吐いた。

「あのね、××君、あれからまた御厨さんに会ったんだけど、あのとき素っ気なくしたのは理由があったんだって。御厨さん、きみの顔をひと目見るなり『強い悪霊に取り憑かれている』ことが分かったそうで、いきなり言うと彼が気を悪くするだろうから、敢えて僕にこっそり教えてくれたんだよ。親切に『お祓いをしてあげるから、北林さんから彼を説得して連れてきなさい』って。御厨さん待っていると言ってたから、今日これから一緒に首塚へ行こうよ……」

なるほど、相手はそう出てきたのかと、私は固唾を飲んだ。

雲霞（壱）

関西圏にお住まいのX（旧ツイッター）のフォロワー、角田氏よりお預かりした話である。

角田氏の友人、芳美さんの父親はろくでもない男だった。

呑んだくれで碌《ろく》に働きもせず、たまに日雇いの仕事をしたと思えば、賃金の殆どはパチンコで擦《す》ってしまう。

母親は彼女が小学生のときに愛想を尽かして家を出ていってしまい、芳美さんが中学生の頃からアルバイトを始めて、何とか生計を保っていたそうである。

ある寒い冬の晩のこと。

その日もパチンコ屋に出向いていた父親が、機嫌のいい表情で帰ってきた。

彼の手に提げられていたのは、サテンの生地に美しい刺繍《ししゅう》があしらわれた巾着袋である。

「何それお土産？　綺麗な袋やね」

芳美さんが問い掛けると、開けたらあかんぞと微笑《わら》いながら父親がいった。

何でも神様が入っているのだという。

芳美さんの父親はこれまでの放蕩《ほうとう》三昧が祟って糖尿病を患っていた。それが最近更に悪化して足が弱くなり、普段の生活にも支障を来すようになっていた。このことをたまたまパチンコ屋にいた知人の田岡さんに愚痴ると、いいものをやるという。そうして持たされたのがこの刺繍入りの巾着袋だった。

「これには力のある方が拝んだ、有り難い御神体が入っとるんや。こいつを拝んでいれば運が上がって、競馬もパチンコも負けなしになるんだと」

芳美さんは首を捻った。父親は昔から信仰心など持ち合わせている方ではなく、家の仏壇にすら滅多に手を合わせない。そんな父親が果たして拝むことなどするのかと思っていると、案の定、巾着袋はそのまま箪笥《たんす》の上に捨て置かれたままとなった。

どんなつもりで貰ってきたのかは分からないが、それは遊び人の父親にとって、運を引き寄せてくれるという、ラッキーアイテムの類のつもりだったのかもしれない。

そんな父親は、巾着袋の御利益に寄り掛かったのか、以前にも増して酒量が増え、とうとうある晩に泥酔して転倒、そのときに転んで作った足の傷が原因で、歩くことができなくなってしまった。

かたや芳美さんはというと、そんな父親の姿を見ていて、自身の健康には気を使っていたつもりなのだが、ここ半年ほど、どうにも体調が優れなかった。職場での小さなミスも立て続き精神的に落ち込むことが多く、毎日が辛くて仕事にも行けなくなり、芳美さん父子は、その日の食べ物にも困るようになってしまった。


その日、空腹に耐え兼ねた芳美さんは、何処かに小銭でもないものかと部屋の中を物色していて、何の気なしに箪笥の上にあった刺繍入りの巾着袋を持ち上げた。

「ぎゃっ！」

持ち上げた袋の口から、ざあっ、と何かが溢れたのである。放り投げられ、転がった袋の中からは驚くべきものが現れた。

畳を覆い尽くす勢いで、蟻とも蜘蛛の子ともつかない黒い小蟲《こむし》がうじゃうじゃと無数に這い出てくる。あんな小さな袋の何処に入っていたというのか。

目を剥いた彼女の目の前で、蟲達は、統率の取れた軍隊のように箪笥の裏側へと姿を消した。我に返った芳美さんは、恐る恐る箪笥の裏を覗いてみたが、あれほどの数の蟲の姿は何処にもない。

ただ直感的に、この巾着は「持っていてはいけない」類の代物だと思った。

振り返れば父親の病気の悪化も、自身の体調不良も、これが来てから始まった気がする。

慌てて父親を叩き起こし、これはどういう経路で手に入れたものかと問い質すと、知人・田岡さんの入信している宗教団体から貰ったものだという。

とにかく、こんなものは持っていてはまずい。

その宗教団体の施設は、自宅からさほど遠くではなかったので、芳美さんは施設を訪れると、事情を話して田岡さんから貰った巾着の返納を願い出た。

施設の中には数人の信者がいて話を聞いてはくれたが「この袋はもう既にあなた達家族

のものだから受け取ることはできない。キチンとお祀りして拝んでいればお金に困ることなく、お父様の病気も治る。幸運にも恵まれるから」と応じてもらえない。

それどころか後からやってきた数人の信者らに取り囲まれ、いかにこの宗教が素晴らしいものであるかということを数時間に渡って説かれる羽目となった。

芳美さんはトイレに行きたくなったと嘘を吐き、巾着を洗面台の上に置いたまま信者らの目を盗んで、その施設から逃げ出した。

数十メートルほど離れたところで、もう大丈夫だろうと後ろを振り返る。

すると。

宗教施設の玄関扉から、無数の黒い羽蟲が雲霞の如く湧き出して、つむじ風のようにうねり、渦を巻きながら、彼女を追ってくるのが見えた。

（巾着の中から現れた蟲達だ！）

芳美さんは必死に走り、その場から逃れたそうである。

雲霞（弐）

こちらも角田氏からお預かりした、先と同じ「蟲」を操る宗教団体が関わった、特殊な異談である。

ある年のこと。

角田氏の友人である宮森さんの父親が倒れて、危篤状態となった。

彼女の家族を始めとした血縁者一同は、父親の回復を願いつつも、これはもう持たないだろうという諦観の心構えでいたそうである。そんな理由で慣れない葬儀の準備や段取り等に皆が不安を抱いていると、宮森さんの従兄弟に当たる敏夫さんという男性が「俺の入信している宗教団体に掛け合ってあげよう」と名乗りを上げた。

宗教ということで親族らは一抹の不安を抱いたが、かといって他に頼るつてもないので任せてみようという流れとなり、幸いなことに、葬儀に使用するというその団体の建物は実家の近隣にあり、仏壇も供与されるのだという。読経に訪れたのも普通のお坊さんで、葬式自体は特に何事もなく、平穏無事に終わった。

ところが宮森さんと母親、そして実家住まいの弟は葬式が終わった後、敏夫さんの車で、別の場所の、何処とも知れぬ大きな建物へと連れていかれた。そこはちょっとした体育館のように広いもので、正面の祭壇には宗教団体の御本尊様が大きく祀られている。

三人が竦《すく》んでいると、信者らしい大勢の男女が入ってきて、ぐるりと周囲を取り囲み、敏夫さんが「皆さん、私の親族が入信してくれました。こんなに嬉しいことはございません」と大声で宣言した。すると、その場にいた信者全員が御本尊の前で頭を垂れながら読経を始めたのである。

何だかおかしなことになっていると、宮森さんは声を出そうとした。

ところが金縛りに遭ったかのように全身が強張《こわば》って声を出すこともできない。どうしようと母親や弟の方を見ると、彼等も真っ赤な顔をしながら、額に汗を滲ませて歯を食い縛っている。

読経が終わると金縛りは解けた。

再び従兄弟の車に乗せられて実家に戻った宮森さんは、そのまま母親を含めた三人でささやかな酒宴を設けたが、その場で弟が小声でこんなことを言い出した。

「……あの宗教はどうも変だ。建物にいる間、ずっと頭が割れそうに痛かった。今も変な気分が収まり切らない。敏夫兄には悪いが、父の葬儀はしてもらったけど自分は入信するつもりはない。物凄く怖い場所だ。金輪際関わりたくない……」

宮森さんもあの宗教団体の建物の中にいる間、ずっと金縛りのような状態に陥っていたことを思い出し、そうした方がいいかもと弟に進言した。

翌朝、弟は敏夫さんに電話を掛け「あの気味悪い宗教団体に帰属するつもりはない」という趣旨を告げた。すると従兄弟は激高して罵詈雑言《ばりぞうごん》の嵐を浴びせた挙げ句「仏壇は返してもらう。あと、お前ら死ぬで」という不気味な捨て台詞を残したという。

その晩のこと。

日が暮れると同時に、宮森さんの実家前に黒のアルファードが停車して、中から敏夫さんとガラの悪そうな男性の二人が降りてきた。

「仏壇を回収するんで、上がらせてもらうわ」

鬼のような形相の従兄弟と、反社的な風貌の三人組に母親と弟は竦み上がってしまったが、気丈な宮森さんは（こんな連中に敷居を跨《また》がせたら、家の中にどんな「厄」を置いていかれるのか分からない）と「仏壇は今、私が運んできます！」と大声を上げて、仏間から重たい仏壇を一人で外まで運び出した。

ふと前を見れば従兄弟の乗ってきたアルファードのバックドアが開いている。凍り付く母と弟を尻目に、宮森さんは「よいさっ」とばかりに教団から供与された仏壇をそこへ放り込んだ。

その刹那。

ぶわんと、仏壇の周囲から蚊柱のようなものが立ち上がった。

それはバックドアを閉じ、エンジンを掛けたアルファードの室内一杯に充満し、彼等が乗った車が走り去った後も巨大な蚊柱の如くその場に蟠《わだかま》ると、黒々とした渦を巻きながら、こちらへと押し寄せてきたのである。

慌てて玄関扉を閉じ、黒い雲霞の侵入を食い止めた宮森さんは、キッチンから塩とスプレー式の殺虫剤を掴むと、扉を細く開いて、空になるまでスプレーを噴霧し、更に大量の塩を玄関先にぶち撒いた。

暫く時間が経過して、恐る恐る扉を開き外の様子を窺《うかが》うと、玄関先には、黒い蝿を連想させる、正体不明の小さなプラスチック片が大量に落ちていた。

咄嗟《とっさ》の機転で彼女の実家は災厄から逃れることができたのだが、実は後から分かったことがある。あの仏壇には、父親が危篤になる少し前、件の従兄弟が持ち込んできたという、教団から貰った「巾着」が入っていたそうなのだ。友人・芳美さんからの話を聞いて、宮森さんはアルファードの車内から立ち上った黒い雲霞の正体は「それ」だと直感したそうである。

宮森さんは今でも外を歩いていると、街中のあちこちであの雲霞のような渦が立ち上っている家屋を見掛けるときがある。

そして、その黒い渦の中から、自分に対する、凄まじい邪念と憎悪を感じるとも。そんなとき、彼女は「ああ、あの家には例の宗教の仏壇があるのだな」と思うのだという。

蝿の神

怪談、或いは不思議談を蒐集している、作家なり好事家の肩書きを持つ主人公が、ある日心霊現象に関する依頼を持ち掛けられ、そのまま異形を崇拝する人物の罠に巻き込まれていくというストーリーは、小説やホラー映画などでよくある筋立てである。だがフィクションではなく、本当にこんなことが起きるとしたら、読者の皆様はどう思われるだろうか。先に述べたような大掛かりな背景はないにしても、似たようなケースは実際に存在する。

ここでも私自身が巻き込まれてしまった、そんな出来事を報告してみたいと思う。

二〇〇九年の出来事である。

当時私が登録していて、数々の貴重な体験談を齎してくれる人々と知り合う切っ掛けとなった、某出版社の主催していたオカルトサイト「F」。

一時は登録者が三千人を超え、何人もの体験提供者と知り合う機会を得た場なのだが、現在でもSNSが切っ掛けでニュース欄を賑わす事件があるように、やはり大勢の人間が集まるという場所には、不埒《ふらち》な考えを持ってくる者が必ず現れる。

発端は、実に些細な出来事だった。

当時私と交流があったリンク先の女性ユーザーと、やはり登録ユーザーであった「行田」という男性の間にトラブルが発生した。SNSではよくあることであるが、お互いがサイト上で知り合い、書き込みを続ける内に「リアルでお会いしましょう」という形に話が進展したらしい。

私もこのような感じで数人の知己《ちき》と知り合うチャンスを得たのだから、この辺りについては何も言うべきところはない。この行田というユーザーもサイトのブログに自身の心霊体験談などをぽつぽつと綴《つづ》っていたのだが、先の彼女が私の元に相談を持ち込んできたときは、既にリアルで何度か会っていたそうである。

簡単に言ってしまえば、この行田の方が女性ユーザーに一方的に好意を抱いた様子で、指輪などを持参して交際を申し込んできたため、彼女の方は慌ててその場から逃げ帰ってしまった。

すると恥をかかされたと思ったのか、行田からこの女性宛てに「このままただで済むと思うなよ」という恫喝《どうかつ》的な内容を含んだＤＭが何十通も届き始めたそうである。

この男性は、「Ｆ」というＳＮＳを、オカルトいうカテゴリーを冠した出会い系サイトと勘違いしていた節が窺え、別のユーザー経由でそんな噂がちらほらと流れていた人物でもあった。

そして程無く私にも、見知らぬこの男性から突然のＤＭが届いたのである。

「……あなたがサイトで交流しているこの女性は、淫乱でとても態度が悪く男を手玉に取る女で、私は彼女の思わせぶりな振る舞いによって騙され、傷付けられた」

ブログとは違った稚拙な文章で、そんな内容が綴られている。

当時、まだストーカー規制法がなかった頃ではあったが、私を含めた数名のユーザーらは、既にこの女性から行田に対する相談を受けていて、男性側の一方的な思いから来る逆恨みと認識していた。私は彼女に対して一時的なサイトの退会を促し、行田に対しては「貴方が送ってきたＤＭの内容は、私や知人らが把握しているものとかなり違っている。彼女とはリアルでもお付き合いがあるので、先に全ての事情を伺っていて、しつこく誘っていたのがそちらだとも聞いている。貴方が彼女に送付した文面の内容は脅迫と誹謗《ひぼう》中傷に該当すると思われるので、彼女の管轄地域の警察に持ち込んで相談することを勧めた」とハッタリを効かせた返信をしたところ、翌日、行田はサイトを脱会して姿をくらましてしまった。

警察という言葉に驚いたところを見ると、どうやらこのような手口の常習犯だったのだろう、大事に至らなくて良かったと、周辺の人間達は胸を撫で下ろした次第なのだが、すると二週間ほどして、この行田の友人を名乗る人物からのＤＭが、私のページに届いたのである。

送り主はサイトに登録している「袖川」という、やはりオカルト系の内容をＳＮＳに綴っていた四十代の女性だった。関西圏に住んでいて、デザイナーの仕事をしているという。送られてきたメールには「奈良の神官の血筋を引く旧家の出身で、神道を嗜《たしな》んでいる。その兼ね合いで霊感を受け継いでおり、個人でお祓いなども引き受けていて、関西の有名な寺社の神職とも交流がある」という自己紹介の後、「思い込みから軽はずみな行為に出た彼も悪いが、誘いに乗って何度も付いてくる女性側にも非があるのではないか」という、先の男性ユーザー・行田に対する擁護の内容が延々と綴られていた。この袖川という女性の言い分によると、彼女は元々関西の大手怪談サイト「S・M」に登録していたそうなのだが、サイト管理人の横柄な運営状態に我慢がならなくなり、数人の知己らと一緒に「F」に引っ越してきたのだという。行田はその中の一人で、彼女が東京で商社勤めをしているときに取引先で知り合った男性であり、神道や仏教に造詣が深く、勤勉で真面目な性格で、決して女性を脅すようなことをしでかす人物ではないのだという。

私は件の女性から預かっていた文面のコピー数通をこの袖川と名乗る女性に送り「このような内容の文面を送ってくる人間が、とても貴方の言うような人物には思えない。事件に発展する前に警察に相談することを勧めている」と返信すると、やや時間を置いて「彼がこのような文面を送るとは思えない。捏造だと思う。一度大阪まで来てもらって、こちら側の話を聞いてほしい」という返信が届いた。

何故私が見も知らぬその男性の件で大阪まで赴かないといけないのかと疑問を述べると「彼は怒りに任せた行為を反省していて、その旨を私に相談してきたが、私自身はステージ3相当の癌の投薬療養中のため、大阪から出ることを主治医から止められている。間に立ちたくても動きが取れない。そのような事情を鑑みて頂き、貴方に大阪の方へと来て頂いて、こちら側の話を聞いて、仲立ちをしてもらいたい。御足労の返礼としては、私の体験談を幾つか提供する」というのである。

気が付いたら、また妙なことに巻き込まれている印象はあったのだが、仮に病身で本当に友人の身を案じているということであれば、無視するには少々問題がある。

判断に多少の時間を費やしはしたのだが、先の知人女性の方も、割と空気の読めない人物だったので、行き違いから誤解を招く行為をしたことは十分考えられた。

とりあえず話だけでも聞いてみるかと、私は大阪行きを決断した。

とはいうものの、実のところ私は当時、関西に足を伸ばしたことは一度もなく、大阪という街にも土地勘がなかったため、この袖川という女性の住所を聞いても場所がピンと来ない。どのような経路を使って彼女の住む街まで行けばいいのかも分からないと返信をすると「大阪駅まで来てくれれば、後はそこから指示をする」という。

概ねそのような経緯を経て、私は東京駅八重洲口のバスターミナルから、深夜バスに乗って、早朝の大阪駅西口へと向かった。

夜行バスが大阪に到着すると、乗っていた乗客らは、次々と早朝の街並みへと消えていく。午前七時半。土地勘のないということがこれほど心細いものかと思いながら携帯で袖川に連絡を入れると、そこからJR大阪環状線という鉄道路線でT寺という駅まで出て、更にそこからローカル路線に乗り換えてほしいと指示を受けた。

ここで一つ、書き留めておかなければいけないことがある。

彼女に指示されてこのT寺駅に辿り着いたとき、私は何故か土地勘がないにも拘らず、突然そこで途中下車したくなった。全く知らない街なのに、行く当てなど何もないはずなのに、どうして？　という葛藤を抱きながら、結局私はT寺駅で下車してしまった。自分自身の不可解な行動に戸惑いつつ、駅周辺を歩いていると、間もなく街並みの中に鎮座する鳥居が目に入った。

「H神社」という社である。

案内板を見ると、推古天皇の時代に聖徳太子の手によりT寺七宮の一つとして創建された社だと書いてある。御祭神は第三十二代・崇峻《すしゅん》天皇。馴染みある方ではなかったのだが、境内には私と縁のある摂社が沢山祀られており、東京から五百キロも離れた遠方の地で、妙な安堵を感じたのをよく覚えている。

そしてこのT寺での途中下車が後に重要なファクターとなることを、ここで付け加えておくことにする。

境内で拝殿に手を合わせていると、携帯が鳴った。相手は袖川で「今何処まで来ましたか」という催促の連絡だった。

「T寺です」と答えると「遅いですね」という返答。

やや苛ついた口調に首を傾げる。特に待ち合わせ時間を確約した訳でもなく、目的地のT駅に辿り着いた時点で連絡を入れる手はずになっていたのだから、苛つかれる覚えはない。これが袖川に対する、第一の不信感となった。

H神社からT寺駅へと戻り、今度はローカル線へと乗り込んだのだが、目的のT駅は各駅停車しか停まらない。そんな理由で各駅に乗り込むと、何と途中駅で数回、急行電車の待ち合わせがあった。

その間にも袖川からは、数回に及ぶ催促の電話が掛かってきた。妙な空気感がある。待ち合わせでこれほど急かされた経験はない。何をそんなに急く必要があるというのか。こちらは五百キロも離れた東京から来ているのだ。

少し気を引き締め直す。やがて私の乗った電車が目的地に到着した。駅前から電話を入れると、今迎えに出るという。

やがて、ロータリーにそれらしい人物が姿を現した。

小学校低学年位の幼い男の子を連れた中年の男性と、体格にかなり貫禄のある女性の三人連れだ。どうやらこの肉付きの良い女性が、メール差出人の袖川らしい。

しかし、私はその場で呆然と凍り付いてしまった。

顔が見えない。

同伴している男性と男の子の顔はキチンと普通に見える。だが、件の袖川らしき女性の顔は、陽光の下で、真っ黒なのである。

「籠さんでっか」

靄の奥から、大阪訛りの口調が問い掛けてきた。

私はもう一度、三人組の顔を眺め直した。

男性、男の子。普通に顔がある。しかし肝腎の袖川の方は、顔の部分に黒い靄が掛かり、人相が全く判別できない。初めて訪れた大阪の街で、のっけから出くわした怪異に、私は強烈なカウンターを食らった気分になった。関西とは、こういう「怪」が普通に起きている土地柄なのかとさえ思った位だ。

「随分と遅うございましたな」

靄の真ん中から、また声が放たれる。

いきなりの怪異に出くわしたとき、人間は脳内の情報が混乱して、一時的な錯乱状態に陥るというのがこれまでの経験則であったが、このときも正にそれである。

「申し訳ありません。こちらの路線に慣れていなかったもので、途中であんなに電車が急行待ち合わせするとは……」

しどろもどろで返答をすると、顔のない女は「仕方ありませんな」と素っ気なく答えて私を自宅方面へと促した。その際に男の子は自身の息子、男性は彼女の自宅の間借り人である友人の原口という形で紹介を受けた。

その間にも私は何度も彼女の顔をチラ見したのだが、相変わらず顔の部分は黒く蠢《うごめ》く靄に覆われている。ここまで来れば、もう見間違いレベルの範疇《はんちゅう》ではない。

しかし初対面の人物に対して、いきなり「貴方の顔が真っ黒に見えるのですが」などと問い掛けるのも大いに憚《はばか》られた。

ここまでページを捲られてきた読者の皆様なら心当たりがあると思うのだが、怪談本やコミックでは、しばしばこの黒い面相をした人物が登場する話がある。そして大抵の場合、それは「死相」であり、間もなくその人物が亡くなって話が終了する。ほんの数秒の間に、そんな考えが脳裏を巡った。

先にメールで、袖川はステージ3相当の癌を患い、現在投薬治療中という話も聞いていた。ひょっとしてこの女性は、もう余命いくばくもないのかもしれないと思うと、息子さんの前でそのような質問を口にするのは憚られた。

それにしても、体験談としてそれなりに耳にしてはいたのだが、まさかこの目で、しかも大阪到着からいきなりそれを目撃するとは予想していなかった、その私の動揺を、現在でもどう表現していいのか分からない。

そんな私を尻目に、彼女らは駅から十数分程歩いた辺りで二階建ての住宅の前に辿り着いた。そこが彼女の自宅らしい。正面に神棚、右手に「閉じられた仏壇」が置かれたリビングに通されると、いきなり袖川は説教口調でこんなことを口にし始めた。

「……遠くから来てくれたあんさんにはいきなりで申し訳ないと思うんですが、男女間の諍《いさか》いは相互の思い込み、ボタンのかけ違いが多うございますから。男の誘いに何度もホイホイと尻軽に付いていきて、話がこじれたらいきなり警察いうのは、あんさんの知り合いの女性の方が軽率過ぎと思うんですがなあ……」

関西訛りの強い口調で、黒い顔の女が言い放つ。

不気味な闇を間近で見ながら、その状態を文章で表現しようとすると、これが少々難しい。陰っているとか穴が空いているとかというよりは、揺らめく真っ黒な細かい粒子が、顔面全体に被っているか、集《たか》っているかのように見える。

霧散する気配は一向にない。

正直そのときに、眼前の怪現象を何度も何度も目で追い掛けていたせいで、袖川が口にしていた苦情の内容は半分位しか頭に入らなかった。ただ、袖川は知人女性の態度だけを一方的に責め、行田はとても真面目な人物であり、彼の誘いに何度も応じてくる彼女の行動に問題があったのではと、重ねて語尾を強めてくる。

そうしているうちに袖川の携帯の呼び出し音が鳴り響き、「ああ、今ここに見えてはる」

とそこで短い会話を交わし始めた。

「行田さんからですわ」

袖川は電話を切ると呟いた。

「彼とは、彼が現在でも月イチで大阪に遊びに来る位の仲なんどす。今篭さん見えてはるんで、こちらの言い分、はっきり伝えときましたと言っときました」

もやもやを纏った顔が、再びこちらを向く。

このときも違和感があった。

私はT駅に到着する前、H神社に寄り道をしたり、数回に及ぶ急行電車の待ち合わせで、自分ですらこの場所への到着時間が読めていなかった。

ところが袖川宅のリビングに座って間もなく、問題の行田から電話が掛かってくるなど余りにもタイミングが良い。何だか不動産屋の物件のサクラ電話みたいな印象を持ったことを覚えている。私は袖川の言い分に対し、飽くまでも友人側の人間であり、誤解や行き違いがあったとしても、腕力に勝る男性が、女性に対して脅迫且つ卑猥《ひわい》な内容のメールを送り付けるのは問題があるという趣旨を強調した。

すると袖川は「貴方も怪談屋なら、一度、彼の人柄を見て、両方の言い分を聞いてから判断してほしい」を繰り返す。

　ここで確認しておくことにするが、私が袖川と出会ったとき、彼女の顔が真っ黒に見えたことは、この原稿に記すまで一切伝えていない。だが先に述べたように、彼女の顔面を覆っているこれが「死相」だとしたら、袖川は自身の命を削ってでも友人の潔白を証明しようと躍起になっているということになる。それを無視するというのは当時の状況として、憚られるように思えた。

「いいでしょう。とりあえず、その行田という男性のお話も聞いてみましょう」

　黒い顔は「有り難いことです」と告げ、行田と予定を調整して、後日連絡すると口にした。結局のところ、この日は、それなりの時間を費やしたにも拘らず、この袖川の顔も確認できないまま新幹線で東京へと戻ったのだが、事態はここから、とてつもなく奇妙な方向へと進展していくこととなる。

　暫くすると袖川からＳＮＳ経由で、サイトに戻ってきた行田が今回の脅迫騒動の件についての弁明をしたいと申しているから、日程を取り次ぐという連絡が入った。

メールに従って指示された場所に赴くと、間もなく行田と思われる男性が姿を現した。見た目はごく普通の雰囲気ではあるが、肥満気味の体形、もっさりとした印象と、ぼそぼそと呟くような陰気な声色。

こちらから言葉を掛けても相槌を打つだけで自己紹介も挨拶もない。しかし何処か上から目線の態度で、これまでの取材相手とは大分手応えが違う。

全般的に、神社仏閣に詳しい方や嗜《たしな》みのある方は、挨拶上手の方が多い。頭を神仏に垂れることに慣れているからなのだろう。その観点から言えば行田というこの男性の第一印象は、袖川が語るものとは、随分と開きがあった。

手近のファミレスに入ると改めて自己紹介をしたが、行田は私に「あの話は何処で知ったのか」「どんな作家さんと知り合いなのか」と著作関連の質問をするばかりで、問題の知人女性とのトラブルについては何も切り出す気配がない。苛立ちを抑えて水を向けると「あの女は生意気だったので懲らしめただけ」とぶっきらぼうに答えただけで、やはり袖川の語る人物像とは開きがあり過ぎる。

場を仕切り直すためにトイレに立って戻ってくると、行田はバッグの中に入れていたらしい風俗関連の雑誌をテーブルに拡げてしげしげと眺めている。取材時に人前で堂々とヌードグラビアを見ている人物など、私は過去に出会ったことがない。

これが三つ目の違和感だった。

チグハグな感覚を拭えぬまま、その日は行田と別れ、袖川に対しては「自己紹介もなければ言葉遣いも幼く、人前で堂々と風俗雑誌を拡げるこの方は、貴方が仰る人間像とは大きく掛け離れている」という内容のメールを送ると、また暫く時間を置いて「何かの間違いではないか。彼はとても真面目で品行方正な人物だ」という正反対の返信が返ってきた。

妙な雲行きになってきた気配があった。現実の出来事と耳にする証言に隔たりがあり過ぎる。僅かな義侠心で動いたつもりが、良からぬことに足を突っ込んでいる予感に駆られた。

そして、そこに畳み掛けるかの如く、次の疑念が浮かび上がる。

既刊の「異談シリーズ」で「横断」「忌み地」等の体験談を提供してくれた岡田さんという男性の元へ取材に訪れた際、ふと袖川がこの岡田さんを「自分や行田と一緒にサイト『S・M』から引っ越してきた人物」として名前を挙げていたのを思い出したのである。

そこで「袖川さんや行田さんと、以前のサイトでも一緒と聞きましたので、どのような人物なのか教えてほしい」と尋ねたところ、「何かの間違いでは？　袖川さんや行田さんとは『F』で知り合ったんだけど」という、不可解な返事が返ってきた。

また、行田の件と殆ど同時期に「自分の友人で霊感が鋭く、体験談の豊富な友人」という触れ込みで、袖川が岡山県に住むアイコという女性を紹介してきた。

言われるままにサイトでリンクを繋げると、間もなく頻繁にこのアイコから電話が掛かってくる（電話番号など教えていなかったので、袖川が私の許可なく番号を教えたことになる）ようになった。ただ、その内容と言えば「今私暇なんだ」という世間話と、やはり、こちらの暮らしぶりや印税収入を尋ねるばかりで、サイトに挙げられた体験談は全く語られる気配もない。

これもまた妙だった。既に発売されているシリーズでも触れていることであるが、心霊現象、或いは超常的な体験をした人間は、その話を冷静に聞いてくれる人間が現れると、堰《せき》を切ったかのように饒舌《じょうぜつ》になるのが普通である。だが袖川から紹介された人物らに関しては、サイトでは多くの体験談を挙げているにも拘らず、実際には共通して自身の体験を語ろうともしない。目の前に並べられたカードを一枚一枚捲るたびに、予想とは違った目が出てくることに、私はこの袖川という女性に対して疑念を抱き始めていた。

サイト上ではまめな書き込みを行う面倒見の良い人物として、リンク先の人間らの評判も悪くないのだが、どうしても怪しい部分が目立ち過ぎる。

そして、二度目の大阪来訪時に、彼女の顔は普通に判別することができた。

抗癌剤治療を受けている方は大体に於いて、げっそりと痩せこけて色艶が悪いのが常である。しかし袖川の顔はとても色艶が良く、私がこれまで見た、癌に冒されている人間のものとは大きく掛け離れて見えた。

私は袖川らと表向きはサイトで交際を継続しながら、彼等と横の繋がりのないサイト「F」のメンバーに、裏側からこっそり聞き取りを開始した。結果、意外な真実が浮き彫りになる。

袖川は、サイトを足掛かりにして「カルト活動」を行っているというのだ。

そのやり口はというと、まず知り合ったばかりのサイトユーザーには、熱心且つ親切な書き込みをひっきりなしに行う。そして、書き込まれた側が「何て親切な方なのだろう」と信用し、本名や電話番号等を交わす間柄になる。すると、途端に豹変して「サイトのブログに上げていた体験談の霊が取り憑いている」「先祖の中に成仏してない方がいて、供養を望んでいる」等、メールや電話を入れるようになり「私が祓ってやる、供養してやる」と、金品を要求してくるというものだ。

首塚の魔人さながらの、新興宗教の勧誘そのままの手口であった。

基本的にオカルトを扱っているサイトなので、「F」にはこうした口上を信じ易い人間が多く集まっている。しかも用意周到なことに、サイトには袖川の熱心な信奉者（サクラ役）が数名紛れていて、周囲からも「袖川さんは本物、いつもお祓いなどでお世話になっている」と書き込みを行って賛美するので、私に情報をくれた方々も、最初は見事に騙されていたそうなのだ。

「そして、内容が怪しいからとお断りを入れるユーザーには「呪われる、祟られる、あなたのためを思ってやっている」を連呼したメールがガンガン送られてくるようになる。そうして初めは袖川と親密にしていたが、現在は交際を絶ったという方がサイト内で複数現れた。彼女を嫌って退会した方も結構いるという。

彼等の話から、袖川が私に紹介してきた行田やアイコは、恐らく、その熱心な信奉者の一味だということが推測できた。また、行田は、やはり関西のオカルトサイト「S・M」に所属していなかったことも判明してしまったのである。つまり袖川が大阪の自宅で私に話した経緯の殆どは「作り話」だったのだ。また若い女性ユーザーの中には、サイトのブログに挙げた内容について、突然この袖川から脅迫めいたＤＭが送られてきたという証言を上げた人もいた。いずれも年齢は二十代前半の女性で、男性ユーザーらから人気があり、常にサイト内ランキングのトップ十位に入っているメンバーであった。


ここに至って、私にもこの出来事の全容が掴めてきた。

あの大阪の袖川という女性は、本当はまともな仕事には就いておらず、サイト内で詐欺紛いのカルト活動を行って自身の生計を維持している人物なのだ。道理で訪問時に、デザイナーの肩書きを持つ彼女の作品や関連物が自宅になかった訳である。そして袖川の周りの信奉者らの正体は、ネット上で知り合った「闇バイト」という類の人間なのかもしれない。なるほど肩書きと実際の人物像が掛け離れているのも頷ける。彼等は寄せ集め人材のため、彼女の書いた台本を、上手く演じ切れていなかったのだ。

若い女性会員らに嫌がらせを行ったのも、こうした視点からだと容易に理解できる。彼女らが上位に食い込むと、袖川の書く記事がサイトの人気ランキングから選外にはみ出してしまう。それは新規の「お客様」を取りこぼす結果へと繋がる。

また彼女の年齢と容貌を目にしている私からすれば、男性側から熱心な支持を受ける二十代の若い女性は嫉妬の対象だったのかもしれない。私の知己だった女性も、年齢こそ三十代ではあったが、その記事の内容は男性ユーザーらに人気があり、常に「F」のブログの上位にランキングしていたのである。

（あの行田とのトラブルって、袖川がわざと仕掛けたものではないだろうか）

行田は人前で風俗雑誌のグラビアを眺めるほど女性に執着している。この彼に「彼女はあんたに気がある」と向けてやれば、あっという間にストーカー化するのを袖川は分かっていたのではないか。ところがその行為が警察沙汰（単なる私のハッタリであった）へと発展しそうになった。もし彼が聴取を受けて袖川の名前を出してしまったら、サイトでの暗躍が明るみに出てしまう。だから彼女は慌てて彼をサイト「F」から一時撤退させ、「行田と私は親友」「重度の癌患者」という話を捏造して、こちらを騙す算段に出たのではないだろうか。

これらの事実に気付いたのと同じ頃、逆に袖川らは私に信用されたと思い込んだのかもしれない。行田は袖川が筋立てした三回目の会見で「関係を持つ目的で件の知人女性を脅かした」と口を滑らせてしまい、また岡山の女性アイコも「ひと月分の生活費を工面してほしい」などと電話で無心するようになった。問題の袖川自身も、ステージ3の癌患者設定であるはずなのに、富山や京都にグルメ旅行に出たなどと、サイトに書き込みを始めたのである。

ここらが潮時と判断した私は、まず先に示したような袖川の取り巻きの言動をメールにしたためて送り「ゆすり集りの類の方々と交流を続ける気はない」と、行田とアイコのリンクを外した。

早速袖川から「私の友人らを愚弄するな」というお叱りの返信が届いたので、ここぞとばかりに彼女のチグハグな証言も細かく指摘して、リンクを外させてもらった。

すると、他のユーザーらの言った通りに「神が怒っている。私の目と耳は神と繋がっている。祟られます。死にますよ。今すぐ反省文を書いて発言を撤回しなさい。今なら間に合います。死にますよ」というメールが、携帯やサイトのページに次々と送られてきた。

いよいよ、カルトの本性が現れ出た様相である。

実際に経験してみると、あれだけ大量の「呪われます死にます祟られます」のメールを送り付けられるのは「呪う」行為と大差ないと私は感じている。

気の弱い人間なら神経が参ってしまうか、言いなりになってしまうかもしれない。自分は呪われているかもと疑心暗鬼に陥らせ、あの嫌な出来事はひょっとして、と自己暗示を掛けるように仕向けさせるのは、初歩の呪術の手法である。

だが残念なことに、私は臍曲がりの怪談屋であった。

「世の中には暇な神様もいるのですね」とだけ返信して、私は携帯やサイトをブロック、一切無視を決め込んだのである。

袖川は大変御立腹された様子で、私のリンク先のユーザーらのページに「年内に、あの人の身には不幸が起こる」などと目に入るよう、必死に書き込みを行っていたが、何事もなく年が明けると、ピタリとそれは止んでしまった。

但し、御大層な予言が外れたにも拘らず、袖川はその後もサイト内で「神官の血筋の霊能力者」を名乗り続けていたので、その精神構造は、下手な怪談よりも恐ろしいとしか表現の仕様がない。所詮、詐欺紛いの行為を平然と行える人間というのは、首塚の魔人同様、こういう図太い神経の持ち主でもあるのだろう。

読者の方々も、親切の仮面を装って不用意に距離を詰めてくる不可解な人物や集団には、くれぐれも注意して頂きたいと願う限りである。

オカルトサイト「F」は、二〇一三年の初めにその役割を終えて閉鎖された。その直前まで、私はリンク先のユーザーを、この袖川との諍いに巻き込まないため、リンク限定の記事だけを挙げていた。すると彼女は私がサイトに来ていないと安心したのか、自身のブログに「サ〇〇〇〇の神」という題名の記事を挙げたのである。

「……昨晩、私は自身が信奉している『サ〇〇〇〇の神』と会見した。神は私に大きな権限を与えると仰った。きっと今年は特別な年となるのだろう……」

「F」には、その日の記事を数行だけダイジェストで読める機能があったので、そこで見た聞き慣れない神の名を、知己であり日本史と神道に詳しい優子さんという女性（異談シリーズ『身固異談』収録「道祖神祭」に登場する主人公）にメールで問い合わせてみると「篦さん、その名前何処で聞いたんですか？」という返信が届いた。

それは驚いたことに、日本神話に登場する「疫神」の名称だという。

「サ○○○○という言葉自体が『忌み言葉』なんです。運を落とすので、不用意に発音しないで下さいね」と釘を刺されてしまったので伏せ字で表現しているが、この言葉自体は、サイトなどで検索を掛ければ、いとも簡単にヒットする。


この事実を知ったとき、私は袖川との初会見のとき、何故大阪のH神社に引っ張られたのかを、朧げに理解した。あれは、きっと警告だったのである。

お前がこれから会おうとしている人物は、禍神を信奉している人間だと。

彼女の顔を覆っていた黒い靄の正体は、死相などではなく、彼女の顔に集っていた「サ○○○○の神」の姿そのものだったのかもしれない。


関西在住の角田さんから、前掲の「雲霞」のエピソードを提供して頂いたときの私の驚きと動揺を、読者の皆さんには分かって頂けるであろうか。私が訪問した際、袖川の家にも正体不明の仏壇があったのである。袖川の母親も某宗教団体の熱心な幹部信者だそうで、彼女の鮮やかな手際と口達者は、そこのノウハウなのであろう。

物事を第一印象で測ってはいけないと、巷ではよく口にされる。

しかし、その身に内包しているものは、自然に外面へと滲み出てしまうものなのだろう。初見から禍々しい印象を与えるもの、良くない印象を感じるものは、最終的に良くないものだという結論に行き付くことを、私はこの一件で身を以て知った。

なお「サ○○○○」の本当の意味を知りたい方は、タイトルを参考に検索すればすぐ判明するが、それは飽くまで自己責任の下で、ということでお願いしたい。

青い男

この話は、前章「蝿の神」のスピンオフ的なエピソードとなる。

先の話で登場したカルトの袖川とともに、オカルトサイト「F」内で暗躍していた男性ユーザー「行田」に纏わる、薄気味悪い出来事である。

「蝿の神」の冒頭の部分にも登場するが、この話の発端は、私と友人女性のサエコが、問題の男性・行田によるネットストーカーの相談を持ち込まれたことから始まる。私とサエコが、その頃溜まり場として利用していたファミレスで、詳しい経緯を聞いている際に、行田の被害に遭った先の知人女性が、突然妙なことを口にしたのだ。

「……そう言えば、関係ないかもしれないですけど、そいつ（行田）に関して変なことがあったんです。先週末職場の飲み会があって、そこで同僚が写真を撮ってくれたんですけど、その中に妙なのが写っているのがあって……」

彼女の弁によると、同僚数人と楽しくお酒を飲んでいるところを仲間が携帯で写真を撮ってくれた。すると彼女のすぐ背後に、行田そっくりの人物がぼんやり写っていたと言うのである。

「……それがまた気持ち悪いんですよ。そいつ、青いんです。髪の毛も唇も真っ青なそいつの顔が、私の後ろにぺたっとくっついて、息を吐き掛けてくるみたいに。ああ気持ち悪い……」

そして、この写真が撮影されたのとほぼ同時期に、彼女は悪夢に悩まされるようになったという。それは夜、ベッドで寝ていると、夢の中でトランクス一枚きりの行田がにやにや笑いながら覆い被さってくるというものだ。驚いて目を覚ますと携帯やＳＮＳに、彼からのメッセージやメールが着信している。

そんな出来事が頻繁に続いて、嫌がらせメール攻撃の影響もあり、とうとう彼女は過労から仕事上のミスが目立ち始め、休日にまる一日寝込むようになり、切羽詰まって私達に相談を持ち込んできたという流れになる。

実は私は以前、このケースと非常によく似た事件に巻き込まれた経緯があった。

突然持ち込まれたある案件が、携帯メールに生霊が乗って毎夜やってくるという、採話というよりも心霊相談的な、現在進行形のかなり深刻な内容であった。

だがその時点では、私も友人女性・サエコも、彼女が行田のストーカー行為による神経過敏から、悪夢を見るようになったとしか判断していなかった。

とにかく事件に発展してしまってからでは遅い、一時的でもいいからサイト「F」から抜けてほとぼりを冷ました方がいいと二人で進言すると、知人女性は渋々ながら、その場で携帯からサイトの退会手続きを行った。

このような裏状況があったため、私は「蝿の神」のストーリーの冒頭で、行田から彼女に対する中傷メールが届いたとき、文中に記した通り、警察に被害届を提出することを助言したというハッタリをかました流れとなる。

その後、私が大阪へ赴いたのと前後して、行田の彼女に対する迷惑行為は影を潜めた。恐らく袖川からの指示があったのだろう。そしてサイトを隠れ蓑にしたカルトの顔を掴んで彼女のリンク解除をしたところで、この話は一度中断される。

私が袖川との交際を断って二年ほど経った、ある晩のこと。

突然、携帯にメールの着信があった。

差出人は「F」のユーザーであった、希美さんという女性だ。

私の著書を通読されている読者の方なら、この名前にピンと来るかもしれない。本書の別シリーズである『方違異談　現代雨月物語』で初対面のときに「黒蟠虫」という呪われた物語を提供してくれた、いわゆる「セミプロ霊能者」の女性である。

「突然で申し訳ありませんが、ちょっと相談したいことがありますので、これから電話をしても宜しいですか？」

どことなく切羽詰まった雰囲気があったので、構いませんよと返信を送ると、すぐに携帯の呼び出しが鳴った。希美さんからである。

短い挨拶を交わした後、彼女はすぐさま用件を切り出した。

「籠さん、サイト『F』に登録している△△というユーザーさん御存知ですか？」

固い口調でそんな質問をされて、私は思わず戸惑った。

それは問題の男性・行田がサイト「F」の中で使用していた、ダミーアカウントの一つと思われるユーザー名だったからだ。

行田は自身の名を冠したメインアカウントの他に、閲覧用と思われる複数の別アカウントを多数持っていたと思われ、こちらで自分の興味あるアカウント(例えば若い女性のユーザー)の周辺情報を先に調べ上げ、その指向性などを把握、メインアカウントから相手の興味を惹く書き込みを行う。すると相手側は自分と波長の合う相手だと勘違いしてネット上で話が弾む。やがて実際にお会いしましょうと持ち込んでいく手口を取っていたと思われる。

このやり方は袖川も同じ手法を取っており、先にダミーアカウントでアクセス先の事情や指向性をあらかじめ調べておく。やがてこちらの事情を知らないはずの袖川がメインアカウントから霊視と偽って、様々な内情を言い当てるので、指摘されたユーザーは、彼女を肩書き通りの「霊能者」なのだと信じてしまうという寸法だ。

「……あの△△さんて方、以前サイト内の女性ユーザーとトラブルを起こした行田という人だと思うんです。籠さん、その件について何か御存知でしょうか?」

御存知も何も、行田に関して私が知っている事情は、先に記した「蝿の神」に述べた通りだ。偽霊能者の袖川と関係が切れて安堵していたところで突然振られたこの相談に、私は眉を顰めた。

「何かあったんですか？」

「実は……」

希美さんは電話口で、たった今、自分の身に起こったという出来事を語り始めた。


御存知のように、彼女は「そちら方面」のプロだ。

しかし、実際に希美さんの触れている世界では、そんな話を普通にできる相手がなかなか存在しない。したがってオカルトサイト「F」はそうした話題を好む好事家の集まりということもあって、希美さんにとっては居心地の良い場所であったそうだ。私との縁も、こうした状況で生まれ育ったものである。

そして、そんな彼女の書き込み相手の中に、行田がいたのである。

日々のブログに書き込まれるオカルト関連の凝った内容に「この人は波長が合うかも」とコメントを書き込んでいた希美さんは（この時期、私は袖川や行田のダミーアカウントと思われるユーザーに距離を取っていたので、それに気が付かなかった）、やがて彼からの要請に応えてリンクを繋げた。ところが間もなくＤＭ機能を通じて「貴方のことがもっとよく知りたいので、住所や電話番号を教えてほしい」と、個人情報を求めるメールが届いたそうなのである。

（うえっ、何この人……？）

リンクを繋げた途端に個人情報を教えろは失礼も過ぎるだろうと彼女は「私は飽くまで趣味の範疇でこちらに登録しているので『そういうことが目的』での交際はお断りしています」という内容の返信を返した。

すると間を置かずに「そっちが誘ったから、相手してやろうと思っただけだろ？　生意気な女だな……！」という乱暴な返信が返ってきたという。

普段は思慮深げな文を挙げていた行田の突然の変貌に希美さんは驚いたが、間もなくそのアカウントはサイト内から消えてしまったので、ホッと胸を撫で下ろし、それから暫くは、私や他のユーザーらとの交流を楽しんでいた。

すると、サイトの最新ブログの欄に、新規登録者の△△という人物のブログが紹介されていた。どんな内容なのかとアクセスをしてみると、なかなか凝ったオカルト関係の記事を挙げている。話が合いそうだなと思ってコメント欄に書き込みをすると、相手も反応良くコメントを返してくる。だが、暫くやりとりが続いた後、再びＤＭ機能を通じて「貴方のことがもっと知りたくなったので、住所と電話番号を教えて頂けませんか」というメッセージが届いたのである。

嫌な予感が走った。

「貴方、ひょっとして行田さんでしょう？」という返信を返すと相手の文体が「何だ覚えていたのか。つまんねえな」という豹変したものに変わった。カチンと来た希美さんが「以前にもお伝えした通り、私はそういう目的でここに登録しているのではありませんから」と返すと、

「クソ女、相変わらず生意気だな。お前このままただで済むと思うなよ。酷い目に遭わせてやる」という脅迫じみた返信メッセージが届いたのである。

彼女は、慌てて△△のアカウントをブロックした。

（うっわー、気持ち悪い。変な人がいるもんだな……）

と思いつつも、相手に対して個人情報の類は一切教えていない。ホッとひと息ついてキッチンで夕食の支度を始めたところ、背後で気配が走った。

振り向いたそこに、異様なものがいた。

トランクス一枚のみの、肥満気味の裸の男性である。

勿論それだけでも十分異様なのだが、それは心霊現象に場慣れしている希美さんをも驚かす特徴を備えていた。頭の先から爪先迄の全身が「青い」のである。それは、毒々しい色彩を持った、等身大のゴム人形を連想させた。

硬直する彼女の肩に青い手が触れた刹那、キッチンの食卓塩をぶち撒けると、不気味な男は、幻のように消えてしまったという。


「……それが、たった今起きた出来事なんです」

掠れた声で、希美さんは電話口からそう言った。

「あの肩口に触られたときの『気』が、メッセージに込められた行田のものにそっくりだったんです。だからあの『青い男』は行田だと思うんです。それで籠さん、彼について何か御存知じゃないかと思って……」

御存知もへったくれもない。私と行田に関しての経緯は前章にて触れた通りだ。しかも、たった今耳にした報告を聞いて、あの知人女性の話にあった「青い男」の写真と悪夢の件もが、脳裏にまざまざと蘇ったのである。

私は例の△△というアカウントが行田であることを告げ、この件は裏側の根が深いから直接話をしたいと、その週末に希美さんと会う約束を取り付けた。

「そんなことがあったんですか……」

取材や意見交換を何度も交わした西東京市のガストで、私が行田に関わる一連の出来事を報告すると、希美さんは深い溜め息を吐いた。

最後にお会いしたときより、大分顔色が悪く、頰がげっそりとやつれている。

「地雷を踏んじゃったかもしれません、私……」

それはどういうことなのかと尋ねてみると、以前話を頂戴した「黒蟠虫」のような妖物と違い、彼女は「生霊」と呼ばれるものとは、それなりに対峙をした経験があるのだという。しかし。

「……あれ、どうしてかは分かりませんが、相当強いものです。あの気味の悪いゴム人形みたいなのが行田の生霊だというのは間違いないと思います。でも、あんな色が付いて生々しい生霊は、初めて見たんです。普通のものはもっと『薄い』。どういう素性の方かは存じ上げませんが、あんな物質みたいな生霊出すなんて、念や執着がかなり強い方じゃないかって。あの方、悪い意味で『人間の領域』越えちゃってるんです」

私の脳裏には、人前であることも気にせず風俗雑誌を拡げ、ヌードグラビアを眺めている行田の姿が蘇っていた。彼女の指摘する通りだ。しかしその様子を女性の希美さんに告げるのは憚られるものがあった。

ここで彼女は、実に興味深いことを話してくれた。

人間の意識とは、常に理性と欲望の狭間《はざま》で揺らめいている存在なのだが、皆それぞれその内側に「ごみ箱」を持っているのだという。人間社会のルールやモラルから外れた本能的な欲望、自己中心的で身勝手な思考。そうした考えを外に出さず貯め込んでおく心の場所を、彼女は「心のごみ箱」と呼んで説明してくれた。そうしてそこに「理性」「信念」「羞恥心」などの其々《それぞれ》の蓋をして、我々は毎日を過ごしている。そして、それが一定の限界を超えてしまって、「ごみ箱の器」から漏れ出てしまったもの（意識）が「生霊」となるのだという。

ところが、ごく少数ではあるが、この「思考のごみ箱」を持ち合わせていない人間が存在するそうなのである。普段の思考が欲望と直結してしまっているというパターンで、そういう人間は、生霊よりも遥かに強力な、自身そのままのコピー「分身」を発露してしまうそうなのだ。

「……私が思うに、何故青い色をしてるのかまでは分かりませんが、『あれ』は行田の女性に対する執着、性欲や承認欲求そのものが、ストレートに具現化したものじゃないかと思うんです。『生霊』にしては、余りにも生命力に満ちていて、生身のそれに物凄く近いんです……」

余談になるが、彼女からこの話を伺ってから数年後、私は別の怪談作家の著書から、このような存在が「トゥルバ（タルパ）」と呼ばれていることを知る。チベット仏教などで「分身」と呼ばれるものだ。

「……普通に生霊と呼ばれているものは、もっと出涸らしみたいな感覚で、存在そのものは薄いから、散らすのは割りと簡単なんです。でもあれは違う。幽霊のような存在ですが『本人そのもの』なんです。『気』を当てても、塩を掛けても、一旦は退きますが、散らないんです……」

返す言葉が出なかった。当時の私は、そんなものが存在するとさえ思ってもいなかったからだ。そして、そんな危険なモノ（人物）が、大勢の人が利用しているインターネットのSNS内を徘徊し、獲物を求めて跋扈《ばっこ》しているのかという戸惑いさえあった。

しかし、先に紹介した知人女性と、希美さんに、横の繋がりは存在しない。

それでも両者ともに、行田という共通ワードを通じて、青い男の出現という同じ現象に苛《さいな》まれているのである。これは今、目の前で起きている「事件」であり「事実」なのだという認識が、心の中に湧き出していた。

「私もちょっと油断があったんです。籠さんのブログもそうなんですが、あの人がサイトに書いてるブログの文章からは、もっと知的で落ち着いた人物の『気』が感じられたんです。だから大丈夫な人だと、すっかり気を許しちゃって……」

「コピペ」という言葉を彼女は口にした。

希美さんは行田がサイトに挙げている記事は、何処かのブログやサイトから引用してきたものではないかという。そして冒頭と結びの部分だけ自分の文章を付け足しているのではと。彼女が△△というハンドルネームのブログに疑問を持ったのは、あるとき挙げた記事の内容が、大学時代に読んだ、あるオカルトブログの丸写しであったのが切っ掛けであったのだとも。

「あれって結局、別の人の文章だったんですよ。成りすましって奴です。それは『書いたその人の気配』がするに決まっています。やっちゃったなあって……」

ひとつひとつ、希美さんの指摘には、私にも思い当たる部分が存在した。

サイトのページを閲覧する限り、行田という人物とは教養のある、落ち着いた男性のイメージを抱いていたのだが、袖川からの紹介後、本人に対して抱いた印象や、彼から私的に貰うメール文は、まるで別人だったのだ。拙い言い回しや擬音などが多く使用された、中学生の書くような、酷く幼い印象の文なのである。

そしてもうひとつ。

オカルトサイト「F」に登録していた女性ユーザーの山本さんという女性も、やはり行田にしつこく絡まれていた。彼女の運営していた女性限定の占いコミュニティに、行田が入会させろと強引に迫ったことがあり、これを断ったところ、突然の体調不良に陥り「F」を半年近く離れていたという報告を貰っている。

見えない部分での被害者は、もっと多いのかもしれませんねと希美さんは呟いた。

「実はあの化け物、あれからほぼ毎晩、私の部屋にやってくるんです……」

彼女は吐き出すようにそう告げた。

「その都度、気をぶつけたり塩を撒いたりして追い払っているんですが、効き目がどんどん薄くなっている気がするんです。本来『生霊』というのは返されると、本人の方に消耗が出てくるものなのですが、『あれ』、性欲がエネルギーのせいなのか、全然勢いが衰えないんです。放っておけば取り込まれてしまうので、手立てを考えないといけないんですが、とにかくあんな強いのは初めてで……」

彼女の顔色の悪さの裏側には、そんな事情があったのかと、言葉が出なかった。

行田の分身を、希美さんは「毒の塊」と表現した。

実は「黒蟠虫」に登場する冒頭のエピソードで、彼女は水道水を美味に変える「気」の技を披露してくれたのだが、あれには続きがある。

私が思い付きで「これを不味くすることもできるんですか?」と尋ねると「できますよ」と答えて、彼女は印を結び「気」を当てた。だが、それを味見しようとすると「やっぱりやめて下さい」と声が掛かった。

それは「悪意＝毒」を飲むようなものだからと、希美さんは呟いたのである。

「……あの『青い男』は、行田の女性に対する身勝手な思いや承認欲求、嗜虐《しぎゃく》思考が具現化した『毒の塊』、生霊というより『呪い』そのものみたいな存在なんです。大分影響受けちゃって私、既にガタガタなんです」

彼女の口にした「毒」という単語に、私は敏感に反応した。実は袖川から、あの呪いの言霊のような「死にます」メールが携帯やSNSに送られてきていた頃、私の身体にも奇妙な変化が現れていたのである。

右手の甲の辺りに不可解な疱疹《ほうしん》ができたと思ったら、それがどんどん拡がって、腕全体が真っ赤に腫れ上がり、皮膚がずるりと落ちた。家内に言われて出向いた皮膚科の医師はその症状を見て目を剥いた。何かの薬品か「毒」に触れたことで表面の壊死状態だという。その病院で一番強いステロイド軟膏を処方され、症状は一進一退を繰り返したのだが、袖川の迷惑な予言が外れると、嘘のように退いた。

私はこの謎の症状を、疫神《えきじん》崇拝者である袖川の呪詛もどきだと考えていた。しかしそのことを打ち明けると、それは彼女に因果を含められた行田の生霊の仕業の方が可能性が強いと希美さんは述べた。

「袖川は、ただのインチキカルトではなく、それなりの霊感はあったのかもしれませんね。だから行田の特性を見抜いて、邪魔な人間にぶつける手駒として置いていたのではないでしょうか。あの人に逆恨みされるだけで強い生霊をぶつけられて、相手の方は倒れてしまいますから。籠さんに無理に引き合わせたのも、自分の言うことを聞かなかったら、後々嗾《けしか》けて潰す気だったのかも……」

それについては私も同意見だった。何かの書籍に書かれていたことだが、ストーカー気質の人間は自尊心が強く、凶行に及び始める切っ掛けの大抵は、人間関係の解消を切り出されたときなのだそうである。

ここに至って、私はまた、いつの間にかとんでもないことに巻き込まれていたことを思い知った。世の中には一般人の常識では測れないとんでもない輩、とんでもない価値観を持つ人間が存在していて、ごく当たり前の日常の最中で、普通という仮面を被りながら虎視眈々と獲物に狙いを定めているということを。

そのとき、突然希美さんが「シッ」と小さく呟いて左掌を立てた。空気を察して押し黙ると、彼女の視線は私の背後を凝視している。

数分間の沈黙。

「消えました……」

彼女の口から安堵の溜め息が漏れると「出ましょう」のひと言。

「どうしたんですか？」

「行田の生霊です。私達のことを探していました。ここはもう使えないと思います」

ぎょっとして背後を振り返るが、彼の姿は見当たらない。

店内にいる大勢の客らが歓談を交わしていたり、ドリンクバーで列を作っている姿が臨めただけである。

「あいつに、どうしてこの場所が分かるんです？」

「ある意味、篭さんも私も、ＳＮＳ経由であいつにマーキングされているようなものなんです。あの類のものは『そこ』を辿ってやってくるんですよ。現場を離れても、心霊スポットに行った人間のところに障りが来るのと理屈は変わりません。関わりを持つ、縁を持つって、そういうことなんです」

「でもそうしたら、直に目の前に現れればいいのに、何で？」

「以前お話ししましたでしょう。あいつ『目』がないんです。だから『場所』は辿れるんですが、そこからは気配と声を頼りに、手探りで相手を探しているんです」

希美さんを自宅マンションに送り届けるまでの、帰りの車内は重い空気に包まれていた。あんなの相手に手立てがあるんですかという私の質問に、彼女は何も答えなかった。嫌な雰囲気が場に立ち込める。

「呪殺しちゃえば簡単なんですが、それは私が別のリスクを負いますから」

彼女の呟いた重い台詞に、事態がそこまで切迫しているのかと言葉が出ない。同時に、今、自分が「手掛けている世界」というものは、紙一重の向こう側にこのような危険も孕んでいるということを、改めて認識し直す羽目となった。

希美さんは自宅マンションの前で、車から降りるとき、

「篭さんは余計な心配なさらないで。折角縁が切れたんです。もう袖川らの周りには近付かないで下さい。こちらはこちらで何とか考えますから……」

彼女なりのプロとしての矜持《きょうじ》があったのかもしれない。しかし、こちら側から見れば希美さんは一人暮らしの女性ということには変わりがない。本当に大丈夫なのだろうかという心配が拭い切れなかった。

「……でも怪談書く人って、凄いんですね。あんなの相手に『その程度』で済んでいるんですから。そっち方面（耐久性）、篭さん私より上ですよ……」

それだけを言い残すと軽く頭を下げて、希美さんは、マンションのエントランスの中へと消えていった。

そして、彼女の姿を見たのは、それが最後となった。

本業と自身の生活、他の体験者様らとの採話や相談事をこなしながら、サイト「F」の希美さんの記事が更新されないことを気掛かりに、時間だけは無慈悲に経過していく。

そして、とうとう来るべきときが来た。

『体調が思わしくないので、暫くこちらでの活動は休止します』

そんな見出しの彼女のブログが、リンク先限定で「F」のサイトに掲載されたのである。

状況を把握している私は、慌てて希美さんの携帯にメールを送った。

ＳＮＳにこのブログが載る前にも、私は携帯から彼女に何回か様子伺いのメールを入れていたのだが、状況は芳しくないという返信が返ってくるだけだった。もはや通常の浄霊や魔除けの手段では生霊はビクともしなくなり行動はエスカレート、毎晩部屋に現れては彼女の全身を撫でたり、首を絞めたりする暴挙に出るようになった。そのため希美さんは疲労や睡眠不足から体調不良に陥り、欠勤が二週間に及んで、とうとう表の仕事、派遣先の職場から「クビ」を宣告されたという。

勿論、裏の顔の方の「仕事」もそんな状態なので全くこなせない。

近隣の強い寺社の力を借りて引き剥がそうと出掛けると、鳥居や山門の前で、化け物はするりと自分から「外れる」。良かったと安堵して戻ると、生霊はちゃっかりマンション入り口で待っているという寸法なのだ。

(これじゃ、生身のストーカーそのものじゃないか)

メールの文面を睨みながら、どう返事を送っていいのか途方に暮れた。

別シリーズの「現代雨月物語」では、私自身が事件に巻き込まれた、幾つかの恐怖異談をその中で取り上げ紹介する機会を得た。だが、この「青い男」のときほど、途方に暮れた案件はなかったと今でも思う。

何しろ行田は、現世の法律に触れることは何も行っていない。ただ自身の脳裏の中で希美さんを追い掛け回し、卑猥な妄想行為に耽《ふけ》っているに過ぎないのだろう。そして、それが現実の有り得ない部分に投影されているだけなのである。

こんなものは止めようがない。彼女が口にした通り、相手が死にでもしない限り、青い生霊はずっと彼女の元にやってくるのだ。

過去に紹介してきた「伝染する怪談」や「夢を伝わる魔物」も恐ろしい事件であった。だがしかし、一体、この行田のような「呪いを生み出し送り続けるだけの存在」に対して、どう対処すればいいというのだろう。先の怪異らに比べればスケールも小さいし原因も明確なのに、それを抑止する手段が全く浮かばないのである。

途方に暮れた希美さんは、かつての師匠格である人物に相談を申し入れた。

だがその見立ては、ほぼ彼女のものと代わり映えがなかった。解決方法は「相手を何らかの手段で葬る」か「痕跡を残さず姿をくらます」のどちらかであると進言されたそうである。これもまた、現実の生身のストーカーに対して取る手立てと全く変わらない。そして彼女は後者を選んだ。

そのため、オカルトサイト「F」に関係した人物や、袖川・行田と面識のある人間らとの縁を絶つことを選択したそうなのである。サイトに関係している人間と交際を続ける限り、あの青い男は「そこ」を辿ってやってくるからだ。

「……今のマンションは場所が割れてしまっているので引き払うことにしました。暫くは師匠の元に身を寄せて身体を休めることにします。行田がまた次の相手を見つけて『そちら』に興味が移れば、私の元には現れなくなると思います。籠さんには短い期間でしたが、色々とお世話になりました。ありがとうございました。状況が改善しましたら、またこちらから連絡を入れるようにします……」

こうして私の異談蒐集やフィールドワークを、三年余り支えてくれたセミプロ霊能者の希美さんとの縁は、あっけなく終焉《しゅうえん》を迎えた。

奇妙な喪失感に包まれた私は、それから暫くの間、怪談異談に関わる活動を中止していたということをここに明記しておく。

二〇一三年の初頭、オカルトサイト「F」は、その役目を果たし閉鎖された。そのため、私とカルトの袖川や生霊男・行田との顛末については、一応の線引きが成されている。だが彼等は他のＳＮＳ等で別ハンドルを名乗り、インターネットの世界を徘徊しながら、現在も虎視眈々と獲物を狙っているのかもしれない。

私のスマホには、今も希美さんの携帯番号とメールアドレスが保存されている。しかし、彼女からの音信はコロナ自粛の三年を含め、合計八年半の月日が経過した現在に至っても、一切途絶えたままである。

紐

私の異談執筆に協力してくれている透さんは、高校入学前、ある事故に遭遇してから、この世のものではないものが視えるようになった。

それは巷でいう「あやかし」「妖怪」と呼ばれるもので、不思議なことに彼女には「人霊」の類は視えないという。ただ、そうした特異な能力を見出されて、現在は世俗の顔の裏で、年若くも「祓い師」としての仕事をこなす「そちら方面」のプロである。そんな彼女が報告してくれる挿話は、通常の心霊談とは一線を画す特殊なものが多い。今回もそんな報告を幾つか紹介したいと思う。


透さんが高校生のときの体験談である。

彼女は当時通っていた高校まで自転車通学をしていたが、雨天時には路線バスを利用していた。

ある雨の日の放課後のこと。

その日も彼女はお決まりのバス通学で帰途に就いていた。

車内はそれほど混んではおらず、吊革に掴まってぼうっと窓の外を眺めていると、すぐ耳元でよく聞き取れはしないのだが、何かを呟く男の声がする。

「ブツブツ、ブツブツ……」

ぎょっとして振り向くと、彼女のすぐ後ろに身を寄せるかの如く、背広姿の虚ろな目つきのサラリーマンが立っていて、しきりに何事かを語り掛けている。

横目で周辺を見れば、何人かの乗客も怪訝な顔つきでその男を見ていた。

（えっ、痴漢、変態……？）

まだ高校生だった透さんは、初めての出来事に遭遇して声も出せなかった。

下手な反応をして男が逆上し、何をしてくるかも分からない。

「ブツブツ……ブツブツ……」

男はそんな彼女の心情を他所に、耳元へ向かって何かを呟き続ける。しかし身体を触るとか、擂り寄せてくるとかの行為までには及んでこないので、周囲に救いを求める訳にもいかない。

恐ろしいまでに長い時間が経過していく。

降車するバス停に到着すると、透さんはダッシュでバスから駆け降りた。

付いてくるのでないかと危惧した怪しいスーツ男は、バスに乗ったままだったのでひと息ついたのだが、生まれて初めての痴漢体験に「ちょっと男の人が苦手になりそう」とすら思ったという。


翌日。

その日も生憎の雨模様であった。

学校の授業が終わり、停留所でバスを待ちながら、また昨日の男がいたらどうしようと透さんは悩んでいた。

降り注ぐ雨の向こうから、水しぶきを跳ね上げてバスがやってくる。

（幾ら何でも、二日連続で、まさかね）

そう自分を元気づけて、前方入り口のステップを上がり、乗車料金を支払って車内を見渡したところで、彼女は凍り付いた。

空いている車内の後方部に近い、二人掛けの座席の片方に「あの男」が座っていたのである。相変わらず目つきは虚ろで、何かをブツブツと呟いている様子であったが、透さんと目が合うと立ち上がり、ゾンビのようにゆらゆらと彼女へと歩み寄ってくる。

思わず透さんは身構えてしまった。

助けを呼ぼうにも近くに乗客の姿はなく、運転手はバスの運転に集中している様子だ。男は相変わらず聞き取れない言葉をブツブツと呟いていた。

その様子に呑まれていた透さんだが、ふと見れば気付かなかったことがある。

昨日は目を合わせないようにしていたので分からなかったが、今日、彼女に正面から迫ってきたこのスーツ男は、上半身を不可思議な「紐」でぐるぐる巻きにされていたのである。

（えっ、何これ、どういうこと？）

男を縛《いまし》めている紐は長々と床に垂れ下がり、その先は何処かへ消えている。

（あなた、ひょっとして私に、この「紐」を解いてくれと……？）

とはいうものの、この「紐」がどういう性質のものか判然としない。

迂闊《うかつ》に触れて良いものだろうかと、彼女は暫しの間、迷った。

「ブツブツ……、ブツブツ……」

彼の呟きは透さんには届かない。とにかく何とかしてやろうと、彼女は男を縛り上げている謎の「紐」に手を伸ばした。

だが、彼女が「紐」に触れると同時に、それはボロ屑のように瞬時に崩れ去ってしまった。


同時に「ピンポン！」と降車ボタンの合図が点灯する。

バスが左車線へと移動してブレーキが掛かりバス停に停車。プシューという音とともに降車扉が開いた。


「降りる方、いらっしゃいませんか？」


運転手のアナウンスが響いたが、降車する乗客の姿はない。

数名いた乗客らも顔を見合わせている。暫くして、バスは緩やかに発進した。

奇妙な紐が崩れると同時に、あのスーツ姿の男は、透さんの前から煙のように消え失せていた。そのときに至って彼女は、男がこの世のものでなく、また昨日男を見ていたと思っていた他の乗客達も、実は何もいない場所で挙動不審な動きを取っていた彼女の行動を、奇異の目で見ていたのではと思ったそうである。

「……私が縛めを解いたことで、あの男の人はバスから降りられた様子ですが、それにしても、彼はどうしてあのバスの中にいたのか、何かの理由で封印されていたのか、そして、あの『紐』は何だったのかは、未だに分からず終いです……」

そう呟いて、透さんはこの不可思議な体験談を締めてくれた。

応身

再び、透さんからお預かりしている話を紹介しよう。

その依頼は、彼女の所属しているグループの知己からの依頼で「孫娘が自室で目に見えないものと話をしている。孫はそこにいると言い張るのだが、私にも娘夫婦にも、そんなものは全く視えない。とても気になるので様子を見に来てほしい」という内容のものだった。

パートナー・太田さんの運転で現場の家に向かった透さんの脳裏には、以前に携わった、某有名企業会長からの「幼い頃仲良しだった、『他の人には視えない女の子』を探し出してほしい」という依頼を思い出していた。

一般的には「イマジナリー・フレンド」として処理されている出来事ではあるのだが、

その「ハル」という女の子のあやかしは、ただ視えなくなってしまっただけで、実は数十年間もの間、この会長を守護していたという件である。


二人が到着したのは、関東近県の郊外に位置する邸宅。

いつものように、年配で貫禄のある太田さんが、依頼者である祖父と娘夫婦から事情を訊いている間に、若い透さんは「お孫さんとお話ししてきますね」とこっそり応接室を出て、幼稚園に通っているというその女の子の部屋を訪れた。

「面白いお友達がいるって本当？」

部屋にあったおもちゃなどで遊びに興じ、気心が少し知れたかと思った頃合いで、透さんは女の子に声を掛けてみた。

「ヤダ。どうせお姉ちゃんにも視えないもん」

「大丈夫、お姉ちゃんには視えるから」

「そうなの？」

女の子はベランダに向かって「ソウちゃん、出ておいでよ」と声を掛けた。

するとやや間を置いて、ベランダのガラス戸が開き、透さんと同じ位の年格好の若者が現れたのである。

若者は彼女をじろりと見て「誰こいつ？」と声を掛けてきた。

先の企業会長の件が脳裏にあった透さんも驚いて「随分と大きなお友達なのね」と呟くと、若者は目を丸くして「お前、俺の姿が見えるのか？」と声を上げた。

ところが件の女の子はきょとんとした顔をして「ソウちゃんは幼稚園児だよ」と呟いた。

えっ？　と透さんは若者の顔を見直した。

どうやら若者の口調と、女の子の話を総合すると、このベランダから入ってきた「彼」は、人の姿を纏ってはいるものの、あやかしの類に間違いない。

だが、どうしても、ある点だけが上手く噛み合わない。

今、彼女の目の前で女の子とままごと遊びをしてる若者の姿は、透さんの視点からすれば、かなりシュールな図に見える。しかし依頼者の孫娘の視点からは、同じ年頃の男の子と遊んでいるに過ぎないのであろう。

つまり、今二人に視えているのは、このあやかしの本来の姿ではないのだと。

どうやら「彼」は視る者の精神状態によって、その姿が違ってくるのではないかと透さんは推察した。

仏教用語に「応身」という言葉がある。

これは仏が、今現在のその人の心の状態に応じて、最も理解し易い、必要な姿を纏って現れる様子を表している言葉なのだが、女の子の元に現れた「彼」は正にその通りの存在であった。つまりこのあやかしの「本当の姿」というものは透さん自身も視ていない。

本当の「彼」は、一体どのような姿をしているのだろう。


ただ、女の子と楽しそうに遊んでいるあやかしから、害意は感じられない。

「彼等」の大半が人間のことを良く思っていないことを知っている透さんは、その一点を確認できて、ホッと胸を撫で下ろした。

一旦引き上げた透さんと太田さんは、両者が収集した情報を出し合い、互いに共有して話を擦り合わせ、翌日再び依頼者宅を訪れた。

再び太田さんが依頼者とその娘夫婦である女の子の両親と話をしている間、透さんは女の子の部屋で、再び「彼」を交えてままごと遊びを始めた。

依頼者の孫娘には同世代の男の子に見えているであろう、あやかしの「彼」は、相変わらず彼女の目には二十歳位の若者にしか見えない。その「彼」が幼児言葉でままごとに耽る姿が余りにもおかしくて、彼女は噴き出してしまった。

「何がおかしいのですか?」と「彼」が尋ねてくる。

女の子が遊び疲れて寝てしまった頃を見計らって「彼」は透さんに、この家に来た経緯をぽつぽつと語り始めた。

以前は、この家の裏側にあった山の中に住んでいたこと。

宅地開発によってその山を削られてしまい、この家を住み処にしたこと。もう大分以前のことになるという。

家を建て替えたこと。お嫁さんが嫁いできたときのこと。

あやしていた子供らの巣立ち。家族らの死別。この家に代々住んできた人々を「彼」はずっと見守っていたそうである。

「彼」は小さな子供が大好きで、その家に赤ん坊が生まれると、家族のいないときに姿を現し、機嫌を取り、あやしたりしていたそうで、どの子らも「彼」の姿が視えているが、概ね二歳を過ぎた頃に視えなくなるみたいだと語った。

傍らで、遊び疲れて眠っている女の子を眺めながら、

「あの子は特別で、珍しく長く視えているので、こうして今も相手をしている」

若者の姿を纏った「彼」は、透さんにそう告げた。


依頼者の女の子が相手をしていた「視えない友人」の真意を確かめた透さんは、その後、太田さんを交えての話し合いで、孫娘である女の子が、精神的に何の問題もないこと、彼女に見えているものは確かに「存在」するが、代々この家の家族を見守ってきた「座敷童」のようなものであり、無害なものであること、そしてそれは、相応の年齢になれば視えなくなると思われるが、長引くようで新たな問題が起これば、また連絡してほしい旨を告げて、邸宅を引き上げたそうである。

「……意外に多くの人が、幼い頃、不思議な体験をしているのかもですね。でも、それは、無垢な子供時代だけに与えられた、神様からのささやかなプレゼントかもしれません……」

透さんは、このお話をそう締め括ってくれた。

この案件に見られる「視る人間の立ち位置によって、その姿が違っている」という報告例は大変に興味深い。神仏の前に立っただけでその心の内側を見透かされてしまうという、筆者の持論と何処か共通するものがあるのだ。そして、他の怪談作家の先生方の作品の中に散見される「誰も覚えていない友人」「存在しない家族や幼馴染みとの思い出の記憶」の逸話は、実は幼い頃、こうしたあやかし達と触れあったときの記憶の名残なのかもしれない。

井戸と楠《くすのき》

透さんが、神奈川にあるその旧家に出入りする切っ掛けを得たのは、数年前に当主であるこの家の老婦人の依頼を受けたことに始まる。

この旧家に関する詳しい由来を彼女は知らない。

ただ広大な坪面積を所有するこの日本家屋は「彼等」の話から逆算すると、どうやら幕末以前からここに建っていたと思われる。依頼された案件は見事に解決へと至り、透さんはこの屋敷の主人である老婦人と懇意の仲になって、しばしばこの場所に訪れることとなった。

四方を土塀に囲まれた、風格のある入母屋《いりもや》作りの建屋。

広い庭には池と大きな楠があり、裏庭には古びてはいるが立派な井戸があって、そこにはそれぞれ「あやかし」が棲みついていた。

彼等の弁によれば、屋敷が建てられて間もない頃、ここに移り住んできたのだという。といっても人間に仇なす害意のあるものではなく「座敷童」や「屋敷神」のような存在で、井戸のあやかしは水を司るもの。透き通るような青みを帯びた、大きなカゲロウのような姿をしていて、屋敷全体を「清浄」な状態に保ち、楠のあやかしは、着物を着た痩せ型の男性の仮姿をしていて、この場所に棲みつく見返りとして、外から来る「災い」から屋敷の住人らを護り続けていたという。

そうして、この邸宅の代々の当主と二体のあやかしは数百年もの間、共生を保ちながらこの土地で暮らしてきたそうである。

その存在を認知していた透さんは彼等に話し掛け、情報を聞き出していたものの、先に述べた通り、二体のあやかしは住人らとの共生を望んでいたので、彼女も屋敷の所有者である老婦人には余計なことと、何も語らなかった。

ところが昨年のこと。

たまたま別件でこの屋敷の近くを通り掛かると、あの趣のあった入母屋作りの屋敷は解体工事が行われていて、囲いの土塀は崩され、大きな楠は切り株のみとなり、井戸は無残に埋め立てられていた。

胸騒ぎを覚えた透さんは、その日の晩に自身の車を駆って、屋敷の解体現場を訪れ、まだそれぞれの場所に残っていたあやかし達に事情を尋ねた。すると、屋敷の当主であった老婦人が急逝し、この土地屋敷は彼女の子供達に遺産として譲渡されたこと、そしてここにはマンションの建設が予定され、母屋や庭園の解体工事が始まったという事実を知った。

何しろ神奈川県の一等地に当たる地域の、広大な面積の土地屋敷である。相続税が馬鹿にならない金額であったのだろう。筆者の近所にも、都内にしては広い面積を所有する屋敷が数件存在していたが、そのどれもが相続の際に庭園やテニスコートだった土地を切り売りして税金に当てた様子で、そこは現在大きなマンションが建っていたり、十数軒の建売住宅群となっている。

恐らく老婦人の邸宅も、似たような事情であったのだろう。

透さんの胸中には寂しさが去来したが、それは彼女には手の出せない、仕方のない出来事でもあり、また時流と言えることだったのかもしれない。

だが、長年住み慣れた場所を突然追われた二体のあやかし達は、人間らの暴挙に怒りを覚えている様子であった。

彼等と良き隣人として付き合いを持っていた透さんは、この邸宅を相続した老婦人やその子供達はあなた方の存在を知らないのだと人間側の事情を説明して、代わりの新しい住み処を探す手はずをするので、どうか怒りの矛先を収めてほしいと説得したそうである。「彼等」を怒らせた状態でこの土地に建物などを載せてしまえば、そこに入居した人間らに必ず障りが起きる。しかし透さんは、交流のあった彼等をそのような「魔物」じみたものに仕立てたくはなかった。

説得の甲斐があって、人の姿から掛け離れた井戸のあやかしは、その外観に似合わず「人間の事情」を受け入れ、彼女の提案した「新しい住み処」を見つけてくれるならと、透さんの申し出を承諾した。

「清水の湧き出ている場所がいい」という彼の要望に応えて選んだのは、やはり同県の有名な観光地の山奥にある、綺麗な清水の湧き出る渓谷であった。井戸のあやかしは小さな白い石に変化して、彼女に運ばれ、その岩場の一部となって、現在そこに棲みついているそうである。

問題は、もう片方の「楠のあやかし」であった。

数百年に亘る長い時間、この屋敷とそこに住む人々を守護してきたこのあやかしは、礼のひと言もなくこの仕打ちは何事だと怒り狂い、彼女の言葉に耳を貸さず姿を消してしまった。

（この土地を相続した子供達が、形のないもの達の恩恵に対して、もう少し礼節をわきまえていれば……）

透さんはその後も、この旧家跡の解体現場に足を運んでは「楠の精」の説得を試みたが、彼の怒りは収まることなく、とうとう土中深くに残った根の中に籠もってしまい、呼び掛けにも全く応じなくなってしまったのだという。

――このまま行けば、この土地に建つマンションに移り住んだ住人達は、彼から何らかの障りを受けることになるでしょう、何かいい手段はないでしょうか――。

私が、そんな彼女からの相談を受けたのは、二〇二三年の春先のことである。

先のような内容のメールに目を通しながら、私も「うーん」と唸るしか術を持たなかった。「あやかし」と意志の疎通が図れる透さんすら手に負えぬ案件に対して、一介の怪談綴りに何ができるというのだろう。

と同時に、ある二つの事象に気付かされた。

一つは「事故物件」でもないのに、何かしらの異常現象が多発して人が居つかず、空き部屋、或いは空き物件に纏わる挿話である。何の因果も見つからないのに、頻繁に怪異が起きる家やマンションがあって、お祓いをしたり、霊能者が調査をしても原因が掴めず放置されたままという挿話をよく見受けるのだが、それはこうした「土地絡みの精霊」＝「あやかし」の領域を侵してしまって、怒らせてしまった結果なのではないのかと。透さんは「あやかし」を視ることはできるが「人霊」は見えない。つまり逆にいえば一般的に言われる「霊能者」のやり方では、この手の問題を解決できないのではという理屈になる。

もう一つは「視えないものへの感謝」という項目である。

ありふれた言い回しだなと思われる方もいらっしゃると思うのだが、私自身を含め、そうした自然の恩恵を齎してくれる「あやかし」「精霊」に対して、現代の人間は少々傲慢になり過ぎているのではないかという点である。

それは、ある場所のオフ会に参加したときのこと。

若手の書き手さんから「籠さんは神仏系のお話をよく書いてらっしゃいますが、僕から言わせると『ああいうのアウト』なんですよ」というお言葉を頂いた。

「だって僕は神仏を信じてないし、お世話にもなってませんから」

苦笑いしか出なかった。

人にはそれぞれの立場や考え方があって、それに沿ったものの見方をするのは自由だと思う。怪異を綴る理由もまたそれぞれで構わないとも思う。しかし「証言」に基づく怪異事象を手掛けるのなら、もっと現場回りをされて見識を深めた方がいいのではという言葉を、そこでは呑み込んだ本書ではすっかりお馴染みとなっている丹波山村の学芸員T崎さんと、山岳信仰のフィールドワークで幾つかの霊山を巡って知ったことであるのだが、東京都西部と神奈川県に跨がり、首都圏の取水河川として都民県民の喉を潤している多摩川。

実はその多摩川の最初の一滴が湧き出す場所（水源）は、東京でも神奈川でもなく、山梨県の笠取山《かさとりやま》の水干《みずひ》という場所にあり、そこには水神の祠が祀られている。あの広大な多摩川の最初の一滴はまさしく「自然（神）からの恩恵」のだ。

また、狼信仰の聖地である秩父地方の中心に位置する秩父神社の御神体・武甲山《ぶこうさん》は、有名な「秩父セメント」の産地として戦後日本の高度成長期の都市構築や地方産業を支えた立て役者となっている。だが、歪になった霊山のその姿を見て感じたことは「墓地の土や墓石、神社の鳥居や敷石を擂《す》り潰して土地の土台にしたり建物に使用したりすると「忌み地」「凶宅」になるという鉄板の怪談話が存在するが、それなら「御神体」として崇拝されてきた山の土や石を使用して繁栄する、この東京という街はどういう位置付けなのか」という疑問である。

日本には古来より「万物には八百万の神が存在する」という思想があるが、まさしくその通り、飲料水から高層ビルの原材料のセメントに至るまで、この国に住む人間は、その恩恵の元に生活を営んでいると筆者は考えている。

先の若い書き手様の発言に、苦笑いが漏れた理由はそこにある。

そして私は透さんにこう返信を送った。

「……残念ながら、私にも良い方法は思い浮かびません。というより、私の目から見ても現代人は余りにも、自然の恩恵を甘受し、見えぬ者達とともに歩んでいた時代から、その精神性が大きく掛け離れ過ぎてしまったのではないでしょうか？

私は暫く、その楠のあやかしのさせるがままにしておくのが一番宜しいのではと考えます。残念ながら今の時代の人々は『何か』が起きるまで『そういうものが存在していることなど気にも留めていない』と思います。『何か』が起こり、人は初めてその視えないものの『存在』や『大切さ』に気が付くことかと思います。依頼や相談があって、初めて自分や透さんは動ける訳ですから、今の時点ではどうしようもないでしょう。何も知らずにそのマンションに引っ越されてくる方には、大変気の毒な話となりますが……」

あやかし達の好きにさせてしまうことは、決して人にとって良い方向には動きませんからと言いつつも、彼女は基本的に私の意見に同調してくれ、暫くこの土地の様子を見守ることにするとの返信を頂いた。

しかし、この件は突然、驚きの急展開を迎えることとなる。

先のメールのやりとりから二か月ほど経過した七月。透さんから、例の旧家跡の顛末を記した報告が、私の手元に届いたのである。

そこに書かれていた内容とは——。

「……こんばんは。先日の旧家跡のお話の続きとなります。あれから数回、私は現地に足を運んで『楠の精』の説得に当たりましたが、全て徒労に終わりました。

ところがつい先日、また足を運ぶと、作業現場には一台の黒い大きなワゴンが止まっていて、三十代位の背の高いスーツ姿の男性が、数名の作業員を指揮しながら、あの楠の根を丁寧に掘り起こしていたのです。彼はその掘り起こした根にお酒のような液体を振り撒きながら白い紙に包み込むと、丁寧な仕草でワゴンの後部に運び込みました。あの怒り狂っていた『楠の精』は文句一つも言うことなく、黙ってスーツの男性に従っていました。

驚いてその様子を見ていると、男性は私の存在に気が付いて、通り過ぎる際に丁寧に頭を下げて一礼し、『大丈夫ですよ』と言葉を残してワゴンの助手席に乗り込み、そのまま何処かへ走り去っていきました。現在、あの楠の根の埋まっていた場所は地ならしが済んで、駐車場として使用されています。

今でも気になっていることは、あの男性の放った『大丈夫ですよ』というひと言の意味合いです。あれは『もうここに来なくても大丈夫』という意味だったのか、それとも『悪いようにはしないから大丈夫』というひと言だったのでしょうか。スーツ姿の男性が『視える方』であり、そちら方面の方なのだろうと察しは付きますが、あの屋敷にいた『楠の精』が、何処かで無事に過ごしていることを祈らずにはいられません……」

この報告メールを読んだとき、私はただただ唸ることが精一杯であった。

あの透さんすら手を焼いた「楠の精」を、男性はどのような手法を用いて従わせたというのだろうか。この男性は果たして何者なのか。

何処からの依頼を受けて「楠の精」を、何処へ誘ったと言うのだろうか。

どうやらこの世の理《ことわり》には、私程度の些末な経験値の持ち主では測り知れない裏側が、まだ数多く存在する様子である。

炎蛇《えんじゃ》

筆者の友人である塾講師の上野山君は、オカルト心霊系の月刊誌を発売していた某出版社のファンサイトを通じて知り合った。

そのサイトの登録ページに、彼が幾つもの風変わりな心霊体験を綴っていて、興味を持った私の方から声を掛け、関係が現在に至っているというものである。

因みに現在そのオカルトサイトは閉鎖されている。

彼の体験談は一般に語られる事故現場や事故物件、心霊スポットの肝試しという何処かで読んだような感じのものではなく、ごく日常の生活の中で、ふとした弾みに「視てしまった」「体験してしまった」という、大変リアルで興味をそそられるものが多い。本書でもその幾つかを紹介してみたいと思う。

上野山君が小学生の頃の体験である。

彼の実家は農家を営んでいて、春になると田植えの準備をするために、草刈り機などの作業器具を用いて、ぼうぼうになった田圃《たんぼ》の整備を始める。そこで刈り取った雑草などは一か所に積み上げて、ある程度乾燥させた後に野焼きを行う。

この田畑の手入れ作業の際に、まだ小学校低学年だった上野山君は、三つ年上の兄と一緒に、刈り取られた雑草の片付けなどの手伝いとして同行するのが常だった。だが、沢山の生命を孕んだ春先の農地の叢《くさむら》には、バッタなどの昆虫を初め、野鼠や蛇などの小動物が、人間の都合を知ることもなく、平時の営みを行っている。

そこに向かって突然、高速回転する鋼鉄の刃がこれでもかと振り下ろされ、逃げ遅れた小さな生命らは雑草ごとバラバラの破片に粉砕され、辺りに四散する。父母の刈り取り作業の後に、雑草を拾い集めていた上野山君は心を痛め、千切れた鼠や蛇の死骸を見つけるたびに「可哀想」と手を合わせていた。

ところが年長者の兄は、そんな彼の行為を、辛辣に窘《たしな》めたそうである。

「……あのなあ××（上野山君の名前）、そういうことはやめとけよ。お前は人の都合で死んじゃった鼠や蛇を可哀想と思って手を合わせてるんだろうけど、そういうのまずいんだよ。あいつらは所詮、畜生なんだ。ああやって突然死んでも何が起きたか分からないから、同情している奴の所に来るんだよ。だからそんなことをしていると、お前が奴等に引っ張られるんだぞ」

だが、まだ小学校の低学年だった上野山君には、兄の言わんとすることが理解できず、また納得も行かなかった。

（だって、人間の勝手でいきなりあんな目に遭って、彼等も生きているんだから可哀想じゃないか。それに、そういうことを気にしていない父母や兄じゃなくて自分が恨まれるって、どういう意味？）

そんな反発心を抱いた上野山君は、その後もバラバラになった小動物の死骸を見つける都度、合掌を止めることをしなかったという。

そんなある日。

農地の草刈りも大分片付いていて、午後から干からびた雑草を一か所に集めて野焼きをすることとなった。しかし上野山君は再び幾つもの小動物の死骸を見つけて気分が沈んでいた。

人間の自分勝手な都合で意味もなく殺されていく彼等を哀れにも思っていた。

そんな理由で、父や母や兄が鋤《すき》で集めた干し草から少し離れた場所に彼はいた。

やがて父親がマッチを擢って火を放つと、干し草は、パチパチ音を立てながら勢いよく燃え上がった。

真っ赤に焼ける干し草の山。

その揺らめく炎に魅せられたかの如く、上野山君が数歩近付くと、炎の中から逃げ出すように、一匹の小さな蛇が這い出てきた。

透き通るような、美しい光沢を持った、紅色の蛇である。

その姿に毒蛇の持つ禍々しさはなく、くりんとした大きな目玉と、何処か愛嬌のある表情が可愛らしい。あまりの美しさに彼が掌を差し出すと、紅い蛇は愛おしそうに擦り寄ってきた。するっと流れるような動きで上野山君の腕に巻き付くと、蛇は戯れるかの如く、二股に分かれた舌を出し入れしながら、右手から肩へ這い上がり、肩から左手へと嬉しそうに這い回る。

蛇の仕草が余りにも楽しそうなので、思わず上野山君の顔が綻ぶ。

蛇使いになったような気分で微笑みながら、自分の上半身にこの紅い蛇を巻き付けてうっとりとしていた。

しゅるしゅる、しゅるしゅるしゅる……。


美しい紅色の蛇の動きに合わせて、彼が両手を動かしていると、突然傍らから凄まじい悲鳴が響き渡った。

悲鳴の主は、上野山君の母親であった。

「ちょっとあんた、何しているの！」

ハッと気が付くと、上半身のあちこちから、炎と燻《くすぶ》った煙が上がっている。

彼が「蛇」と思って身体に巻き付けていたもの。

それは何と「火の点いたビニールテープ」であった。

もう一度悲鳴を上げた母親が、慌てて上着を脱ぎ、彼を地面に押し倒しそれを被せて火を消し止めたという。

その場で救急車が呼ばれ、上野山君は近くの病院へと搬送された。

発見が早かったため、致命傷となるような火傷ではなかったそうだが、どろどろに溶けたビニールテープが皮膚に融着してしまい、それを残らず剥がすのに大変な時間を要したそうである。

当座の治療処置を終えて、病室で横になっていると、農作業を終えたらしい父親と兄が彼の様子を見にやってきた。硬い表情の父親が小言を終えて手洗いに立ったとき、上野山君は側にいた兄に向かって頭を下げた。

「……兄ちゃんの言う通りだった。ああいうものに無闇に同情してしまうのって、やっぱり良くないんだね……」

だが、きょとんとした表情の兄からは、予期せぬような返答が返ってきた。

「……それ、何の話？」

兄の弁によれば、彼は上野山君に向かって「畜生どもに同情するな」などと言った覚えは全くないと言い張ったそうなのである。

「それですと、あのとき僕に注意を促したのは、誰だったんですかねぇ」

今でも腑に落ちないままなんですよと、上野山君はこの風変わりな異談を締め括ってくれた。

オレンジニット

　こちらも上野山君の体験談である。

　その日、彼は所用で、市内の繁華街を歩いていた。

　とあるキャラクターの限定グッズを探し求めるのが目的だったそうだ。

　しかし前評判の良かったそのグッズは、行きつけの店舗を始め、足を運んだ数軒の店で既に売れ切れ。仕方なく他の取扱店を調べるために、携帯ナビを開きながら、裏通りを歩いていたときである。

　すぐ右手の脇道から、オレンジ色のニット帽を被った若い男が歩いてくるのが見えた。

　ダボッとしたパーカーにダボついた派手なズボンは、バーなどで騒いでいる不良ラッパーを連想させる。だが店舗検索に夢中だった上野山君は気にすることなく、携帯を弄《いじ》りまわし、夢中になって歩いていた。

すると、視界の脇に、チラッ、チラッとオレンジニットが目に入る。

先ほどの路地から出てきたあのラッパーが、脇から彼の携帯画面を覗いているのだ。

（何だコイツ、失礼な奴だな……）

舌打ちをしながらも、ガラの悪そうな相手なので、上野山君は知らんふりを装いながら携帯の画面を弄り、一番近隣の店舗の在庫などを確認していたが、その間にもあのオレンジ色が視界をチラチラ横切っていく。

ああもう、うざいぞコイツと思いながら、ここで彼はおかしなことに気が付いた。

ニット帽の男がそんな近くを歩いているのなら、帽子以外の他の部位が見えるはずだし、すぐ側で気配がしたり足音が聞こえてきたりしても良さそうである。

だが、さっきから彼の視界に入ってくるのは、オレンジのニット帽だけなのだ。

ぎょっとした彼が振り向くと、ダブダブファッションのラッパーは、やはり彼の二メートルほど後ろを歩いている。

ただ、その首が、練りたての飴細工さながらにびろーんと長く伸びて、彼の携帯の画面を、興味深そうに覗き込んでいた。

ニヤリと笑ったそいつと目が合った刹那、上野山君は超ダッシュで表通りへと走って逃げた。
少しして振り返ると、オレンジニットのラッパー姿は、既になかったそうである。

言霊《ことだま》

こちらの挿話も、上野山君からお伺いしたものである。

彼のお母さんが、まだ二十代の頃の話。

彼女は地元のある楽器工場に勤務していて、顧客先に所用で出向くことが多かったそうなのだが、その顧客の中に、名前を出せば誰もが知っているような、大手の楽器メーカーがあった。

その会社のフロントに、ある盲目の受付係の男性がいたそうである。

仮にこの方の呼び名をナガノ氏としよう。

このナガノ氏は、先天的に目が見えなかったのではなく、後天的な理由で視力を失ったそうなのだが、不思議な特技を持っていて「この種の声を出す方は、骨格がこんな感じのこんな顔つきの方」というように、その人の声を聞くだけで、色付きの全身画像が脳裏に浮かび、身長や体重はおろか、視力がなくては分からないはずの、顔のほくろの位置までを言い当てることができたそうなのである。

だが、ナガノ氏の不可思議な力はそれだけに留まらず、何と訪問客の声を聞くだけで、訪れてきた客の性格の善し悪しが「分かってしまう」という。

ナガノ氏は、その特技のおかげで全盲という障がいがあるにも拘らず、件の会社の受付業務を任されていた様子で、来訪者の声を聞いただけでその訪問目的を見抜いて、取次先の担当者に事前報告、悪質なクレームや売り込み等をチェックする役目をしていたらしい。

上野山君のお母さんは何故か、このナガノ氏と仲が良かったそうで、ある日巡回訪問でその会社を訪れると「今日、この後少し時間はありますか？」と休憩室に呼ばれ、何の話かと思ったら、突然次のような話題を切り出されたのである。

「そんな僕がね、どういう方だか判別できない人の声があるんですよ」

ナガノ氏はお母さんに向かって、突然こう言い放った。

「幽霊の声なんです」

突飛な展開に、お母さんは目を白黒させた。

「……いやね、時折、受付に来た方と一緒に来た方とか、予約なしの突然の来訪者などに、声はするんだけど、何も見えない、姿が浮かばない方っていうのがいらっしゃるんですよ。初めのうちは（あれ？）って思っていたんですが、二人いたはずのお客様が実は一人だったとか、担当者のところに現れないとかいうその後の状況と付き合わせて、そういう結論に達したんです。なるほど、もうこの世に姿がないんですから、そりゃ見える訳がないなあって……」

初めのうち、お母さんは（変な話題をしてくるな……）と、やや引き気味で話を聞いていた。

「……で、あるときですね、懇意にしていた取引先の山木さんという方が見えられたんですが、ちょっと変だったんですよ。まず、几帳面な方なのに来社予約が入っていない。声にも覇気がなくて聞き取り難く、その上、僕の脳裏に浮かぶ姿が、やけに薄ぼんやりしているんです。おやあと思って『山木さん、最近身辺に何かありましたか？』と尋ねてみたら『……私は××月××時××分に死にました……』とひと言呟いて、そのまま脳裏のぼんやりした姿が消えて、同時に目の前の気配も消えちゃって。翌日、訃報が総務からありましてね。あれ、山木さん臨終の瞬間、僕のところに挨拶に来たんだ。だからあんなに姿がぼんやりしていたんだと……」

話がその段階に至って、お母さんも驚いた。

何故なら、その山木さんというのは、上野山君のお母さんが担当している仕事の前任者だったからである。

「……実はね、山木さん、亡くなられてからも暫く、ここに顔出していましたよ。『こんにちは』と生前と同じ声で挨拶はしてくれるんですが、もう姿は全く見えませんでした。生真面目な方でしたから、自分がいなくなった後の仕事の引き継ぎが、上手く行われているか気掛かりだったんでしょうね」

「えっ、すると山木さん、私と一緒に、今もここに来ているんですか？」

「いえ、○○さん（上野山君のお母さんの名前）が業務を引き継がれてからは一度もお越しになられてません。○○さんがしっかりした方だったから、漸く安心なされたんじゃないんですねえ。まあ、そんなことを伝えたくて、今日はちょっとお時間を頂きました」

ナガノ氏はにこやかな笑みを浮かべながら、そう答えたそうである。

お母さんは呆然としながらも、何故そんな、人によっては正気を疑われるような話を自分に打ち明けようと思ったのかを彼に問い質した。

するとナガノ氏はにっこりと微笑んで、

「……決して○○さんを怖がらせようとか、山木さんが前任者だったからという理由からではありませんよ。あなたと会話をしてましてね、脳裏に浮かぶ○○さんの姿が、私の人生で出会った人々の中で『一番の善人』だったんですよ。だから多分、そんな突飛なお話も信じて頂けるかなと思いましてね……」

上野山君のお母さんは、ナガノ氏に褒められたことが細やかな自慢だそうである。

果たして善行がその人の言霊を育てていくのか、言霊がその人の人格を作り上げていくのか、私には分からない。ただ、その声色や声質にも、それぞれの人生の歩みが練り上げた「顔」や「良し悪し」があり、分かる人には「それだけ」で分かってしまうらしい。

ひと声聞かれただけで「こいつは駄目だ」と思われる人間にならないように、気を付けて生きていきたいものである。

感応

私の異談シリーズとくれば、やはり欠かせないものは、魔を祓い、憑き物を落とすと言われる、狼信仰や狼神社に纏わる異談である。

これを楽しみに私の著書を購入される方も多いかとは思うのだが、デビュー作に当たる『方違異談　現代雨月物語』から、狼に関する挿話を惜しげなく投入しているために、とうとう手持ちの在庫も大分少なくなった。狼信仰や狼神社に関する不思議な体験をお持ちの方で、私に「提供してもいいよ」という方がいらしたら、是非御一報頂ければ幸いである。

とはいえ今回も三話ほど、狼信仰に纏わる異談を紹介したいと思う。

二〇二三年・四月の出来事である。

ちょうどこの時期は、関東の狼信仰で秩父にある三峯神社と勢力圏を二分する、東京・青梅の武蔵御嶽《むさしみたけ》神社で、十二年に一度開催される式年大祭の期間でもあった。

この大祭期間中は、普段大口真神社《おおぐちまかみしゃ》に鎮座されている四体の御神体（狼像）が本殿に移され、ネットなどで事前申し込みを行っていれば、一般の方でもその姿を拝観できる。十二年に一度の真神像拝観のチャンスでもある。

私はこの御嶽の式年大祭に、交流のある画家のT川さんをお誘いしてみた。

T川さんは三峯の狼（御眷属《ごけんぞく》様像）や神獣画を得意としており、ファンの間で根強い人気を誇る女流画家で、式年大祭以前にお誘いした御嶽の大口真神祭のときに、現場にいらした知己の方から「T川さんですよね？」と声を掛けられたところ、周囲の参加者の殆どがこちらを振り向いたという程の狼画カリスマである。

新作を描く際の参考になればと思って、この式年大祭にお誘いの声を掛けたところ「是非参加したいです」との返事を頂き、私とT川さんは日程を擦り合わせ、車で武蔵御嶽神社へと向かった。

ところで武蔵御嶽山は神社参拝以外にも、手軽な登山やハイキングを目的の方が大勢の方が訪れる。そのため週末になると駐車場の争奪戦が熾烈《しれつ》でもある。

それを見込んだ私達は、朝八時には麓の滝本駅に到着、作品取材を兼ねたT川さんとともに、ケーブルカーを使わず大鳥居を潜って表参道から向かった（本書に登場する祓い師の透さんによると、この御嶽参道の杉並木の合間には御眷属様が沢山いて、参道を登る参拝者らを見守っているとのこと）。

天候は穏やかな晴れ。山の空気を楽しみながら会話をしつつ、それでも九時半には御師《おんし》集落を通過して、拝殿前に着いてしまった。

私達の昇殿時間は午後一時からである。先に宝物殿を見学したり、天狗の腰掛け杉周辺の風景を散策したり、早めの昼食を取って時間調整をするなどして、それでも三十分ほど時間が余った。

「先に大口真神社の御眷属様へ、御挨拶でもしていきましょうか」

武蔵御嶽の大口真神社の左右には、ジブリアニメの山神モロを連想させる勇壮な阿吽《あうん》の御眷属様像があり、私はこの像が大好きである。T川さんも「そうしましょうか」と同意されて、拝殿奥の真神社へと回り、柏手《かしわで》を打って両手を合わせた。

するとT川さんが「あっ」と小さな声を放ち、突然、脇の出口から奥宮《おくみや》仰拝所へと駆け出したのである。驚いてその後を追うと、T川さんは仰拝所の柵を両手でぎゅっと握り締め、彼方に聳《そび》える御嶽山の奥宮を凝視していた。

某有名怪談アンソロジスト様から「巫女のように描く異界作家」と表されたT川さんである。何かを感じ取ったんだ、そう思った刹那。

ごうっと音を立て、背後の本殿から奥宮へ向かって、凄まじい突風が吹き荒れた。

(な……?)

その風の強さたるや、まるで台風のようで、周囲の木々の枝葉はしなって揺れ動き、注連縄《しめなわ》に下がっていた紙垂《かみしで》は水平になり、私もバランスを崩して思わず真神社の玉垣に掴まった位である。

そして、その風は唐突に止んだ。

まるで飛行機かヘリが突然背後から飛翔して、T川さんの見据える奥宮へと向かって飛んでいったような様相だった。

(何だ、今の……?)

御嶽の奥宮を見ながら、私は三峯御仮屋での、猛烈な疾風を思い出していた。

この日は先にも申し上げた通り、大口真神の式年大祭であり、普段は真神社に鎮座されているはずの眷属様は本殿へと移されているはずである。先に私が見た光景を文章に直して表現すれば、それはまるで「本殿にいた御眷属様が『奥宮』へ向かって大急ぎで『何か』を知らせに飛んでいった」とでも言うべきなのか。

（T川さんに本殿の真神様が感応されたのか。この方、本当に凄い……）

もしも私に霊能者のような「視る力」というものがあったとすれば、大空を駆け抜ける、巨大な御嶽山の御眷属様の姿が見えたかもしれない。

奥宮をじっと見据える異界作家の背中を見ながら、改めてそう思った。

後にT川さんに伺うと「『大口真神社』で手を合わせていたら、大きな気配が奥宮の方から来るのを感じ、そのまま仰拝所まで飛び出してしまった。そして奥宮に向かって、『どうか御嶽の御眷属様の姿を描かせて下さい』と祈っていた」とのこと。背後から吹き荒れたあの突風には、全く気が付かなかったそうである。

本殿に鎮座していた大口真神社の狼達は、T川さんの願いを伝えに、神社から奥宮へと駆け抜けたのだろうか。

兎にも角にも、この日の取材を基に仕上がった二枚の「御嶽の御眷属様」の短冊絵は新境地を開いたとも言える、素晴らしい出来栄えだった。

後日談として、その二枚の短冊絵は、翌五月のグループ展に展示されたのだが、開場とほぼ同時に「売約済」のシールが貼られたそうである。

咆哮《ほうこう》

拙著『現代雨月物語 式神異談』に収録された「戦う力」という話の主人公・百石さんから、再び御眷属様に纏わる不思議な話の提供があったので、この場を借りて御紹介させて頂く。

百石さんの高校時代の友人・山路さんは、実家住まいの兄との間にトラブルを抱え、心身を擦り減らしていた。このままではいけないと考えた彼女は、御主人と一緒に岡山県にある狼信仰の社・木野山神社に参拝し、祈祷札を授かってきた。

この木野山神社とは、関東の狼信仰の聖地・三峯神社や武蔵御嶽神社とは系統が違い、龍神とされる高龗《たかおかみ》・闇龗神《くらおかみのかみ》が末社に祀られている。だが何故か、この木野山神社の両神は「狼」の姿をしているとされ、明治時代に伝染病の「コレラ」が流入してきたときに、悪疫をまき散らす海外からの妖怪「虎狼痢《コロリ》」を屠《ほふ》るものとして幅広く信仰され、また、邪悪なものに対しての御神徳《ごしんとく》著しくともされており、やはり『式神異談』に登場した元自衛隊員・南方さんに憑いた魔物「野狗子《やくし》」を一時的に退けた社でもある。この木野山神社の強き霊威に山路さんは縋《すが》ってみることにしたのだという。


そして、神社から拝領した御札を自宅にお祀りして数日後。

山路さんは不思議な気配で目を覚ました。

時計を見ると、午前二時である。彼女は普段は寝付きの良い方で、こんな時間に目を覚ますことなど殆どない。妙だなあと思いながら暫くベッドで寝返りを打っていると、やがてその原因に気が付いた。

家の外がやけに騒がしい。

彼女の自宅は道路に面していて、そこは昼間など、それなりの通行量がある。だが今は真夜中の二時なのだ。

よく聞けば、それは犬の遠吠え混じりの声であった。

(何だろう?)

彼女の寝室は二階に位置している。山路さんはベッドから起き上がると道路側に面した窓のカーテンを開いて通りの様子を窺った。

するとだ。自宅前の道路には、柴犬より少々大きめの犬が座っていて、通りの左側に向かって、うぉーん、うぉーんと、雄叫びを上げているのである。

（え、何だろう、あれ？）

野犬という言葉が脳裏を過ぎるが、ここ暫く周辺で野犬など見たこともない。何処かの飼い犬が逃げたのかなとも思ったが、見た限り首輪など付けているようにも見えないのである。


うぉーん、うぉぉーん。うおぉぉーん。


暫しの間、不可思議な犬の咆哮を見ていた山路さんは妙なことに気が付いた。

犬は目の前の道路に座ったままだというのに、その咆哮だけが移動しているのである。

いつの間にか遠吠えは自宅の真横から聞こえてくる。自分が寝惚けているのかと目を擦ったが、犬は道路に座ったままである。

ひょっとして犬は二匹いるのかと、家の横側の道路に面した窓のカーテンを開いたが、そこには何の姿もない。

そうこうする間に、遠吠えと唸りは家の裏側へと移動している。

やがて謎の咆哮は、彼女の家をぐるりと一周して、唐突に止んだ。

道路に座っていた犬の姿も消えている。不思議だとは思ったが、決して怖いとは思わず、山路さんはそのままベッドに戻って朝を迎えた。

ただ、あれだけの長時間、家の周囲で唸りと遠吠えが続いていたのに、隣で寝ていた御主人は、全くそれに気付いていていなかったらしい。


この夜を境に、山路さんは心身穏やかな状態で日々を過ごせるようになった。

「たまに思い出すとイラッとすることもあるけれど、以前ほど思い詰めてしまうようなことはなくなったから、それが（木野山様の）御利益なのかもしれない」

彼女は、そう話を締め括ってくれたそうである。


因みに、道路にいた謎の犬が唸りを向けていたのは、後に調べてみると「東北（鬼門）」の方角だったという。

狼の宮

この話は、私が秩父三峯神社で体験した不思議な出来事の一つである。

こちらも御眷属様（狼）直接の登場シーンは伴わない。だが異談シリーズ内の狼信仰フリークの読者の方々が「何か」を得られれば幸いと考え、その体験を綴ってみることとした。少々のお付き合いをお願いする次第である。


二〇一三年のことである。

私は自宅に祀ってある御眷属様こと「狼札」の更新のため、三峯神社を訪れた。ブームとなった「白い気守」が流行る前のことなので、現在ほど人出の多い雰囲気ではなかったが、早朝の霊山の空気感を味わいたかった私は、朝四時半に自宅を出発、昇殿祈祷の始まる午前九時には、三峯の宿坊である興雲閣ロビーのソファに腰掛けていた。それでも一番乗りかと思いきや、既に三人の昇殿予定者がいたのには驚かされたが、呼び出しのアナウンスに従って待機所から拝殿へと足を運んだ。

途中、渡り廊下の真ん中辺りで空気がビシッと変わる。

「ああ、ここはやはり狼の社なのだ」という実感が湧く場所でもある。

先にも述べた通り、この頃の三峯はのんびりしたもので、講社の団体祈祷がある場合を除き、昇殿者は毎回十人に満たないことが多く、祈祷が始まる前に神職が祈祷申込書を手に、昇殿者の名前と内容を読み上げ、確認を行うのが恒例であった。

このときの昇殿者も、私を含めて僅か四名。

狩衣《かりぎぬ》に烏帽子《えぼし》姿の神職が「熊谷からお越しの□□様」「神奈川からお越しの△△様」と昇殿祈願者の名前と内容を読み上げ確認する。

「御眷属様の更新、東京都××区からお越しの籠三蔵様」と名前を呼ばれ、私も返事を返した。

ところが、神職が読み上げた名前には、五人目が存在した。

「同じく神前神楽御奉納の、東京都××区からお越しの○○様」

えっ？　と私は首を捻った。

この東京都××区とは、私が住んでいる区である。

しかし興雲閣のロビーでは、ここにいる三人以外の姿を見ていない。

「神楽御奉納の、東京都××区からお越しの○○様、いらっしゃいませんか？」

神職が件の「東京都××区からお越しの○○様」と繰り返し呼ぶのだが、肝腎の奉納者は現れる気配がない。奇妙な雰囲気に、私以外の三人の祈祷予定者も顔を見合わせ始めた。

ここで少し注釈を加えると「神前神楽の奉納」とは、拝殿の神様に前で巫女が「神楽」を舞いながら「祈願」を行うスタイルで、一般の「昇殿祈願」より更に格上のものとなり、費用もそれなりに嵩《かさ》む。それなのに、この五番目の祈願者は大枚を叩いているにも拘らず、拝殿に姿を現さない。人でごった返す昨今の三峯ならアナウンスが聞こえなかったということも有り得るだろう。

しかしこの日は境内を含めて、私がすれ違った人間は十人ほどだ。

そのうちの三人がここにいるのだから、不可解極まりない。

「……あの、籠様は、この奉納神楽の○○様とは別の方でございますよね？」

同じ区内の住所なのだから、神職が確認するのも無理はない。「違います」と返事をすると神職も首を傾げ始めた。

同じ意味合いで私も首を傾げざるを得なかった。というのは私の自宅がある××区からこの三峯までは、どんなに高速が空いていても三時間は掛かる。

一般の交通機関を使っては、この時間に三峯に辿り着くのは不可能なので、謎の神楽奉納者は私と同じく車を使い早朝四時起きをして、社務所に現金払いで神前神楽を申し込んだ後、忽然《こつぜん》と姿をくらましたという形になる。

神職は一度社務所の方へと戻ったが、数分して「それではこれから御祈祷を始めます」と頭を垂れた。妙な空気感を伴ったまま、祈祷が始まり、私を含む四人の昇殿者は、拝殿内の阿吽の白狼に柏手を打って、それ自体は無事に終了した。

そしてその後、美しい衣装を身に着けた二人の巫女が現れ、笛と鼓の伴奏とともに優雅な動作で奉納舞「三峯の舞」を舞い始めた。俗っぽい言い方をすれば、たった四人しかいない祈願者の前で御神楽が披露されるのだから、このときの昇殿者はとてつもなく「贅沢で役得」ということになったのだが。

そして謎の奉納者は、とうとう姿を見せなかった。

渡り廊下の太鼓が鳴り響き、祈願を終えた昇殿者らが、次々と拝殿から外へと出ていくのを見ながら、私は妙な引っ掛かりを覚えていた。

それは神楽を奉納した者が、私と同じ区内から来ていたということだ。先にも述べた通り、私と同じ場所からやってきたのに、そこには大金と手間暇が掛かったはずなのに、何故神楽の舞われる拝殿には現れなかったのか。

(今日のこの奉納舞には、何か意味があるのでしょうか?)

拝殿の白狼に思わず手を合わせると、不思議な光景が浮かんだ。

拝殿内の向こうが透けて、その背後に延びている「道」が見えたのである。

(あんなところに道が?)

思わず足元がくらりとした。


更新された狼札を社務所で受け取ると、私は「拝殿内で見えた道」の記憶を頼りにそちらへと向かい始めた。そこは参拝順路とは掛け離れた道であったが、暫くすると、そこにこんもりと茂った木々の丘があり、小さな鳥居の姿が確認できた。

(こんなところに鳥居が?)

元々早朝な上に、参拝順路からは大分離れた場所なので、周囲に人の姿はない。意を決してそこに足を運んでみると、扁額《へんがく》には「近宮」と書かれている。

参拝順路から離れた場所にひっそりと佇むそのお宮には、阿吽の御眷属様の像が向き合った形で鎮座していた。

（「近宮」？　確か御眷属様をお祀りする社は「遠宮」と呼ばれているけど、この「近宮」って何だろう？）

どちらにしても、本日の御眷属拝借の際の「三峯の舞」と、拝殿内から見えた幻の道の先に鎮座する「近宮」という社は、何か関連があるに違いない。

「お招きありがとうございました」と柏手を打ち、社を後にすると、自宅に戻った私はこの三峯の「近宮」なる存在についてインターネットで検索を試みた。

すると、三峯神社には地図に記されていない社が二つあり、そのうちの一つがこの「近宮」で、一般的に有名な、狼を祀る「御仮屋＝遠宮」は『御眷属拝借』のために旅立った狼」達を祀る社、そしてこの「近宮」は「現在、三峯にいる狼」を祀っている社であり、この二〇一三年の時点ではまだ立ち入りが可能で、「社に導かれた人間だけが行ける宮」として紹介されていた。

この記事がヒットしたとき、軽い眩暈《めまい》のようなものを覚えた。

拝殿から「近宮」に続く幻の道が見えた直前、社では謎の奉納者の手による「三峯の奉納舞」が演じられていた。あれは御眷属様の側から「近宮へ来い」というサインだったのではないかと私は受け止め、現在でも三峯の御眷属の狼達に敬意を絶やさない姿勢を貫いている次第である。

なお、この「近宮」は大口真神の神事に用いられる場所でもあるため、現在は関係者以外立ち入り禁止の「禁足地」とされ、私を含め一般の方の立ち入りができなくなっているということを、ここに付け加えておく。

返済

元自衛隊員の南方さんは既刊の異談シリーズで、屍肉を漁る妖怪「野狗子」の挿話を提供してくれた人物である。その南方さんが所用で東京に来る用事があるので、是非お会いして話したい件があるという。

以前に取材を行った赤羽のファミレスで落ち合うと、南方さんは元気な笑顔を見せてくれた。再会を喜び、幾つかの挨拶の言葉を交わした後、彼は今回の用件の内容を率直に切り出してくれた。

「……いつぞやの、あの神様が出てくる話で『神様に願を掛けたら三倍返し』ってのがありましたでしょ？　あれって何処かで聞いたなとずっと思っていたんです。それを先日思い出しまして、それを籠さんに是非お話したいと」

この「三倍返し」というワードは、既に発売されている『身固異談』に掲載された「道祖神祭」の挿話で、取材中に降りてきた「神様（?）」から賜った言葉なのだが、果たしてどういう意味を含むのか全貌を把握できてはいない。

「……あの『三倍』という意味は、まず『願掛け』の元本分、その利息分、そして願掛けに返済を必要とされると考えなかったとされる分も含めて『三倍は覚悟しておけ』という戒めとして自分は捉えていたのですが、そうではないのですか？」

そんな私の疑問に対して、南方さんは世にも奇妙な話を語ってくれた。

南方さんの祖父の友人に佐井さんという方がいた。

既に鬼籍に入られているが、存命の頃に山岳修験の修験者としての行を積み、彼が祖父の家に預けられていたときに知己を得た。その当時は猟師と樵《きこり》を半々という生活を送っていたそうである。

南方さんはそのときに通っていた山間の小学校で「憑き物筋」の同級生から「ゲドウ」という憑き物を仕掛けられ、この佐井さんが木野山神社の狼札を用いてそれを祓ったことがある。

「その佐井さんが、語ってくれたことがあるんですよ」

佐井さんの修験仲間で松尾さんという方がいた。

修験仲間とはいうものの、年齢的には佐井さんより彼の方が、ずっと年上だったそうである。この松尾さんが晩年になって、自身が信仰している「神格」に対してある大きな「願掛け」を行ったのだという（筆者注・その願掛けの内容は子供の頃だったのでよく理解できないまま、忘れてしまったそうである）。

祭壇を立てて禊《みそぎ》を行い、護摩の炎に向かって祈願を行った松尾さんは「祈りを捧げる神格」に対して「自分はもう年寄りで、対価に捧げる財産もない。結婚をしなかったから妻も子孫もいない。だから『自分自身』を対価に捧げる」と告げたのだという。果たして願は成就、そして松尾さん自身も恙《つつが》なく余生を過ごし、その生涯を閉じたそうである。

それから数年後。

まだ年若かった佐井さんは、山越えの行を修めるために、ある霊山へ入った。

ところが途中の行程が長引いて下山が遅れ、麓へ向かう下り道の途中で、すっかり日が傾いてしまった。辺りが真っ暗になる前に麓へ辿り着こうとした佐井さんが、登山道を大急ぎで下っていると、前方の群青色に染まり出した木々の向こうから、十数人の山伏の一行が向かってくるのが見えたのである。

青から黒へと変わる風景の中で、登山道を登ってくる山伏らの姿だけは、闇から浮き出ていて、くっきりとその輪郭が肉眼で確認できた。

（あれは、この世のものではない……）

そう悟った佐井さんは、近くの木陰に縮こまって身を隠し、彼岸の山伏らの列をやり過ごそうとした。

ザッザッザッザッザッザッ……。

無表情に、登山道を登っていく、幽鬼のような青白い行列。

息を殺して彼等の通過を待ち受けていた佐井さんは、その最後尾に付いていた人物の顔を認めて仰天した。

それは数年前に亡くなった、修験仲間の松尾さんだったからである。

「松尾さん！」

思わず声を漏らしてしまうと、最後尾を歩いていた青白い行者は振り向いて「おお」と懐かしそうな声を上げた。

「松尾さん、松尾さんだろ？　あんた、こんなところで何をしているんだ？」

余りの意外さに、さっきまで感じていた恐怖も忘れて、佐井さんは彼岸の山伏に向かって声を上げた。

闇の中でぼんやりと浮かぶ、山伏姿の松尾さんが微笑んだ。

「……佐井、俺の願掛けのこと覚えてるだろ？　俺はよぉ、あのときに祈願成就の対価に『自分自身』を捧げたんだよ。だからこうして、死んでからあと二百十年程、願掛けした神様への奉仕を申し付けられてな。そんな理由で今日はこの山へ来たってこった……」

呆気に取られる佐井さんを尻目に「じゃあ、元気でな」のひと言を残して、青白い松尾さんの姿は闇へと消えていったという。

「……その松尾さんが亡くなった年齢が、確か七十歳位だったんです。二百十年って、概ねその三倍ですよね？」

南方さんの告げたこの挿話に、私はただ沈黙するしか術を持たなかった。

応報

また南方さんは、こんな話も提供してくれた。

二〇二三年の秋口のことである。

南方さんは久しぶりに奥さんを連れてのドライブ旅行を計画した。そして彼女に何処か行きたい場所はないかと尋ねると「神在月《かみありづき》の出雲大社に行きたい」というリクエストがあったので、帰省を兼ねて三泊四日の旅行へ出ることとした。

そして、出雲大社近くの旅館に宿を取り、大社へと参拝し、翌朝は大社の祖神が祀られているという日御碕《ひのみさき》神社へと立ち寄ることにした。

しかし、いざ現地に出向いてみると神社の専用駐車場は神在月目当ての観光客で一杯である。すると「日御碕灯台の近くにも駐車場があるからそっちに行ってみれば」と近くの土産物店の方が教えてくれ、南方さんは灯台に車を回し、徒歩で無事に神社参拝を済ますことができた。

やがて駐車場に戻ってくると、奥さまがトイレに行きたいという。彼女の帰りを待つ間、南方さんは灯台公園の喫煙スペースで一服することにした。

持っていた煙草に火を点けて、紫煙を燻《くゆ》らせていると、何処からか一人の男性が現れて「兄ちゃん、火ぃ持ってるん？」と声を掛けてきた。

南方さんは眉を顰《ひそ》めた。

声を掛けてきた男性が年齢不詳に見えたのもそうだが、もっと奇妙なのは、臍下《せいか》まで丈のある、分厚いカーキ色のジャケットを着込んでいたことだった。

秋口の海沿いの漁師町とはいえ、昨今の異常気象のせいなのか、この日も季節外れの暑さで南方さんもTシャツ一枚の格好だ。こんな陽気で暑くないのだろうかと彼は訝しんだのである。

とはいえ、それだけでは火を貸すのを断る理由にもならない。彼がライターを点すと、男は煙草に火を点けて紫煙を吐きながら「何処から来たの？」「ここは初めて来たの？」「これから何処行くの？」と当たり障りのない質問を投げてきた。南方さんが適当に相槌を打ちながら返事をしていると、

「ところでお兄さん、人を呪ったことはあるかい？」

男は唐突に、こんな言葉を投げ掛けてきた。

「うーん、そりゃこんな世の中ですから、こんな奴死んじまえと思った位は」

「いや、そういうのじゃないの。何ちゅうか、ほら、人に怪我させたり、病気にしたり、殺したりする、そういう類の奴のことだよ」

幼い頃から不可解な体験を数多くしている南方さんは、男の口にした言葉の意味をすぐさま理解したものの、どう答えたものかと戸惑って「いいえ、ありませんが」と濁った返事をした。すると男はふうんと頷きながら、

「呪う相手は、選ばないとねぇ」

男はそう呟いて、突然着ていたジャケットの前を開いた。

くすんだ肌色の皮膚が剥き出しにされる。何と、奇妙な男は素肌の上にジャケットを羽織っていたのである。

それだけではない。

半裸の男の弛《たる》んだ腹周りには、シロアリに喰われてぼろぼろになった木材を連想させる、黒い虫食い穴が無数に穿《うが》たれていたのだ。そのグロテスクな様相に、南方さんは思わず吐

きそうになった。

(何だこれは？　病気の疾患の跡か何かなのか？)

顔を顰《しか》める南方さんを見て、虫食い穴の男は満足したように頷いた。

「……これさあ、掛けた呪いが相手に返されちゃって、こんなになっちゃったんだよ。ねぇホント、世の中には凄い奴がいるもんだよねぇ……」

男はぶつぶつと呟きながらジャケットの前を閉じると、そのまま千鳥足で、灯台の方へと向かっていった。

(何だ、あいつ……)

慄いた表情で男を見送っていると、奥さんがトイレから戻ってきた。

「どうかしたの？」

南方さんは元自衛隊員で、背も高く体格もいい。そんな彼が青ざめた表情で立っているのを見て、奥さんも何かを察知した。

「いや、今の男がさ——」

たった今起きた椿事《ちんじ》の件を話すと、奥さんも「何それ？　気持ち悪いね」と顔を顰めた。

ただ、それ以上は何も起こることはなく、南方さん夫婦は日御碕灯台を後にして、彼の実家のある広島県の町へと向かった。

辿り着いた実家では、近所に住む母親の姉のフミさんが、両親とともに暖かく出迎えてくれた。奥さんを交えて久々の帰省である。

積もる話に花を咲かせていると、フミさんが不意に、

「そう言えばあんた、昔、山間の小学校に通っているとき、倉持の息子と同じ学年だったよね？　あいつに何か、変なことされなかったかい？」

倉持とは、南方さんが小学生の頃身体が弱く、山沿いの母方の祖父の家から通学していたときに、そちらの学校にいたクラスメートのことで「憑き物筋」と恐れられていた家系の姓名である。南方さんはその彼に妬まれて、先に紹介した「ゲドウ」という名前の憑き物を長靴に仕込まれ、散々な目にあっていた。

「……いや、特に何もなかったけど……」

嫌な思い出をはぐらかしながら、伯母にそう答えた南方さんは、そこでハッとした。孫の両足に浮き出た無数の湿疹症状を見て、祖父が前エピソード「返済」の佐井さんという元修験者に相談を持ち込み、木野山神社の狼札を用いて「ゲドウ」を祓ったのは別巻で既

に紹介済みである。
そのときに、彼の両足の爪先から這い出てきたのは「無数の白い線虫のようなもの」と、佐井さんと祖父が証言していたのを思い出したのだ。

「……あのときの日御碕で会った男の腹に空いていた無数の『虫食い穴』の正体って、そうして弾かれ、行き所のなくなった呪詛の『蟲』が、彼の身体を『棲み処』にしてしまったんじゃないかと。そう考えると妙に辻褄が合うんです。伯母がピンポイントでそのときに『倉持』の話を持ち出したのも奇妙でしたし……」

南方さんの話を伺っていて、恐らく「日御碕の男」は、彼にゲドウを憑けた「倉持」同様の「憑き物筋」であり、相手を呪うことに慣れていて、気に入らない人間を次から次へと呪っては蹴落とし、自信たっぷりだったのであろう。私もまた、彼の話を聞いていて「首塚の魔人・御厨」の件を脳裏に思い浮かべていた。

そのような超常の輩であっても「落とし穴」は存在する。

どちらにしても「人を呪う」という行為に関しては、それなりのリスクと報復（返し）を覚悟の上で行わなければいけないということなのであろう。

首塚の呪術師（後）

「超‐1とは、一般参加による実話怪談コンテスト。名称の由来は格闘技大会『K‐1』。主催は加藤一を中心とした『超‐1実行委員会』。竹書房は協賛で大会への直接関与は行っていない。また、加藤以前の歴代編者（安藤・樋口・平山）は本大会に一切関与していない……」

（ウィキペディアより引用）

結論から先に申してしまうと、私は「自分には自分の信仰があるから」と、このときの友人・北林の申し出を頑なに拒否した。

何故、二度に亘って私を避けた、あの怪しげな「首塚の呪術師」が、掌を返したかのような態度を取り始めたのか。ここに御厨という人物が「本物の術師」というワードを当て嵌《は》めると、答えはおのずと読み取れる。そこには準備された、何かの「罠」があるのだ。

こういうものは周到な準備をはぐらかされると、あっけなく効力を失う。

先の首塚での「遭遇」で北林の鬱症状をひと目で見抜いたという御厨が「彼には必要ない」と述べていたことから、少なくともあの男は「見鬼《けんき》（霊視）」の力はあるのかもと考えていた。したがって御厨の言っていることが本当なら、前回のその場で「お祓い」を行っていても良かったのではないだろうか。それを一旦仕切り直したということは、明らかに「何らかの別準備」を施してきたということなのだ。

それと「親族に悪行を施した者がいる」「十分な供養を受けていない者がいる」この台詞もまた、新興宗教が信者獲得のためにひけらかす、お決まりのものである。

現在の自分が生まれるまでに、自身の血族とは遠縁も含めれば、何百人何千人と存在するはずである。その全員が全て善人であり悔いなき人生を歩んだとはとても考えられない。そんなことは当たり前なのだが、そういった方面に免疫のない人間は、このワードにあっけなく引っ掛かる。

先のような因果話を北林に含めたことで、私の中の御厨という人物の評価は、それまでの「灰色」から「黒」へと変わった。一体あの男は怪しげな術を駆使して首塚で人集めをしながら、何を行っていると言うのだろうか。

「本当にいいのかよ」と、友人はぶつぶつ言いながら携帯を取り出して、首塚で待ち受けているであろう御厨に「彼はそちらへ伺わないそうです」とメールを打った。

暫しの間、私と北林の間には気まずい空気が流れた。

その沈黙に耐えられなくなったのか、北林の方から話題を切り出してきた。

「……あのさあ、そう言えば御厨さん、毎週末に首塚に来ると、塚の周りの『敷石』を新しいものと交換して持ち帰ってるんだけど、あれ、どういう意味なの？」

「敷石？」

「そう、敷石。塚の周りに敷いてある白い敷石は、全部御厨さんの私物なんだって。毎週あそこで御祈祷を終えると回収して、新しいものと取り替えているんだけど、どういう意味があるんだろ、あれ……」

ふっと記憶が蘇った。

六年前の首塚初参拝の日、あの場所から小さな「敷石」を持ち出そうとした女性がいたことを。

「あのさあ北林、御厨って、いつ頃からあの場所に出入りしてるの？」

「さあ、詳しくは知らないけれど、結構前からみたいだよ」

彼が周りから聞き込んだ話によれば、将門首塚の清掃は元々ボランティアの人達の間で自主的に行われていたらしい。ところがある年の週末、彼等が首塚を訪れると、御厨が朝早くから清掃用具持ち込みで、綺麗に清掃を終わらせていた。

そして、次の週も。その次の週も。またその次の週末も。

感心な方だということで、いつしか土日の清掃は御厨と、彼をリーダーとした賛同者ら（信奉者？）が行うという流れとなり、ボランティアの方々は平日の清掃を担当するようになったという。それなら私が初参拝を行った二月十四日は平日であったから、御厨がいなかったことは納得が行く。

つまり御厨という人物は、清掃ボランティアらの前では感心な首塚の古参信奉者、そして一般参拝者の目からは、塚で神事を行っている「管理関係者」に見える訳であるが、実は「そのどちらでもない」が正解なのだ。

あの男は二つの顔を使い分け、首塚を堂々と「利用」しているのである。

確かにこの大都会のど真ん中、しかも「将門首塚」で「呪術」かそれに準ずることを実践しているとは誰も考えたりしないであろう。この私でさえそうだった。

そして「敷石」を持って帰ろうとした女性が、ありふれた駐車場のブザーに驚いて悲鳴を上げて逃げたことも、ここで意味が通じた。

彼女はあの「敷石」の意味を知っていたのだ。

だとすれば、あの男は北林の言う通り、相当前から首塚に出入りしていることになる。

しかも付け焼き刃程度の知識ではあったが、「敷石」の用途について、私は心当たりがあった。いわゆる「石」や「鉱物」というものは「人の『気』や『念』を吸い込み易い物質」と、この頃熱心に読んでいた実話系心霊コミックに解説が載っていたのである。

将門首塚には、毎日、大勢の方が熱心な祈りを捧げに訪れる。

先の説が正しいとしたら、その気や念は御厨の持ち込む「敷石」にも宿ることになる。

そして御厨は何らかの「呪術」を操る。

(もしかして御厨は、それらの「敷石」を呪術の「核」に使用するのでは？　……)

そこに考えが至ったとき、私は背筋に寒気を覚えた。

「あとさあ、御厨さん『真夜中に首塚には絶対に来てはいけない』と釘を刺すんだけど、朝早く出向くと、何か御札を燃やした後とか、折れた卒塔婆《そとば》とかが落ちてたりして、あれもどういう意味なの？」

余りのことに私が返事に窮していると、北林の携帯のメールの着信音が鳴った。

「××君、御厨さんから返信来たけど、こんなこと言ってるよ?」

画面を開いて、その内容をこちらに見せてくれる。

「ふうん、そうなんだ。彼(筆者)はどうやら、幸せになりたくないんだね」

随分と物騒な内容である。「幸せになりたくない」とはどういう意味なのだろう。

「ねえ××君、やっぱりこれから首塚に行こうよ。御厨さん、本当にいい人なんだよ。きみのことを心配して『今までの彼の運気を判断してあげるから、彼の本名と生年月日を教えて』って、そこまで考えてくれてるんだよ?」

「え、俺の本名と生年月日、奴に教えちゃったのか?」

「そうだよ。だからさっき言ったことが分かって、お祓いしてあげるって……」

「お前、何てことしてくれたんだ……」

友人は何のことかも分からず、きょとんとしていた。本当に知らないということは恐ろしいことだと私はこの事件の際につくづく悟った。呪術師に本名と生年月日を知られるなど、それは「生死を握られたに等しい」のだ。

先ほど送信されてきたメールの意味を理解して、私は再び背筋を震わせた。

北林と別れた私は、翌日から自宅にあった資料と、当時、手に入るだけの呪術に関する書籍を取り寄せて、もう少し立ち入った視野と角度から読み漁った。その裏には北林があの怪人に渡してしまった私の「本名」「生年月日」のことが引っ掛かっている。

これは推測なのだが、あの日、怪人「御厨」は催眠なり洗脳のような方法を施して、私を自分の管理下に置きたかったのでは、と今でも考えている。だが、私がそれに従わなかったので、今度は自身の力を見せつけるために、あのメールの内容、何らかの「不幸＝呪詛」を仕掛けてくるかもしれないと予想を立てたのだ。

その読みは、ある程度的中したらしい。

北林と会ったその翌日から、私の住むマンションの空気感が変わった。目に見えぬ何かがごうっ、ごうっと円を描きながら、部屋の周囲を周回しているイメージがあり、窓際に置いていた観葉植物が全て枯れた。こちら方面に疎い私の家内さえもが「最近、うちの周りの空気おかしくない？」と尋ねてくる。

（これは絶対「御厨」の仕業だろう……）

そんな予想をしながらも、不思議なことに、気配は周囲を旋回するだけで、それ以上は何もしてこない。

私は気が付いた。伝奇ホラー作家を目指してはいたが、いつか怪談本も書いてみたいと妙な方面に手を出して「読むと幽霊が出る話＝坑の中事件（『方違異談』収録「坑の中」参照）」に巻き込まれ懲りた私は、神棚を中心とした「結界もどき」を自宅内に作っていた。勿論、書籍を参考に寺社の御札を用いた簡易的なものだが「これ、呪詛にも効くのか？」と我ながら驚いたのである（筆者注・筆者の住む部屋は、建物の角部屋に位置して右隣に部屋はない、だが、この件から間もなく、左隣の住人が引っ越しを行っている。偶然か？）。

但し、自宅ではそれ以上何も起きなかったが、周囲には悪い兆しが鈴なりに起こった。当時の職場の上司の経費の使い込みが突如発覚して、これに自分も関与していないかと社内監査に痛くもない腹を探られ、また長らく付き合いのなかった親族間で遺産関係のトラブルが発生し、叔父や叔母から連日の電話連絡や呼び出しがあり、精神的に削られる日々を送る羽目へと陥った。

（全く北林の奴、いらんことをしやがって……）

なるほど、揺さぶりを掛けた後で「だから不幸になるって言ったでしょう」と頬を歪める御厨の顔が脳裏に浮かぶ。弱気になってはいけない。

そんなある晩、職場や親族間でのトラブル、そして落ち着かない空気感の取り巻く自宅で疲労困憊《こんぱい》していた私は、奇妙な「夢」を見た。

山間部を走るローカル線らしき電車。その車内に私はいる。窓の外には緑色の山々が聳え、やがてその向こうに、不可思議なものが見えてきた。

それは「三つ鳥居」であった。

ハッと目覚めた私は、今の夢の意味は何だろうかとパソコンを起動し、「三つ鳥居」というカテゴリーを検索してみた。すると一番初めにヒットしたのは奈良県桜井市にある「大神神社」の三つ鳥居なのだが、その次に出てきたのは「秩父三峯神社」の三つ鳥居であった（筆者注・現在でこそ狼信仰に関する異談などを綴ってはいるが、この当時、私はまだ三峯に行ったことすらなかった）。

確か、三峯に関しては某出版社から発売していた秩父三社の資料の中にあったとページを開いて、私は再度驚愕する。

「秩父の山奥に鎮座する、狼を祀った『けもの落とし』の社」


けもの落とし。

けもの使い。

けもの憑き。

ここでそのワードが出てくるとは予想外だった。

（あの男、どこぞの山で修行したとか聞いたけど、まさかイズナ使いとかじゃないだろうな……）

伝奇ホラーの設定要素にしか考えていなかった「呪術使い」という言葉が、ここでまたリアリティを帯びてきた。先日読んだ呪術資料の中に、「イズナは取り憑いたものから精を吸い取るために、その宿主に仮初めの活力を与え共生を図る」という項目があったからだ。

それと、憑き物落としのワードは、あの怪人のしていることと、どことなく符号が一致する。その情報をもう少し知れればとは思ったが、もはや御厨はこちらにそれを漏らすことはないだろう。

そんなときに北林から再びメール連絡が届いた。

どんなに勧めても御厨には会わないよと返すと、映画やＣＤの話をしたいだけなので、いつもの場所でコーヒーでも飲もうという。度重なるトラブルの噴出で塞ぎ気味だった私は、ちょっとした気分転換のつもりで出掛けていった。

コーヒーショップで軽食を貪っていた北林は前回よりも更に色艶が良くなって健康的になっていた。彼の話によれば医師も驚くような回復を示していて、次回の健診時にＯＫが出れば職場復帰をしてもよいとお墨付きが出たという。それはそれで良いことだと話を合わせると「そうそう、御厨さんがね、本人がそうならもう無理に首塚に来る必要はないって言うんだけどさ、教えてほしいことがあるんだって。××君の家って、神様が一つじゃないでしょ？」

私はコーヒーカップを取り落としそうになった。

「御厨さん、それぞれの部屋に幾つずつ、何の神様が何処に祀られているのか、後学のために教えてほしいんだって」

冒頭から何遍も述べてはいるが、北林は神社と寺の区別もよく分かっていない男である。

それが何故、通したこともない私の部屋の秘密を知っているのだろうか？

やはりあの不穏な気配は、御厨の放ってきた……。

同時に僅かな希望も見えた。私の読み通り、あの「結界もどき」は機能していて、放たれた怪人の呪詛が上手く入ってこられなかったのだ。勿論それは、相手がこちらを格下と舐めていたが故の話ではあるのだろうが。

故に御厨は、友人を使って探りを入れに来たのであろう。

私は「企業秘密だし。どうせ神様の名前を言っても分かんないでしょ」と茶化して話題を逸らした。まあね、と北林も苦笑いをする。

私の中では、そんなまさかという思いとともに、一つの懸念があった。

伝承によれば「イズナ使い」はその使い魔を相手に飛ばしたり、持ち物に忍ばせたりすることで情勢や情報を掴むとされている。もし、それが本当だとすれば、今ここに御厨がいなくても「ここでの会話は筒抜け」ということになる。何しろ御厨は、北林すら知らない私の自宅の「結界」の存在を言い当てているのだ。

会話を盗み聞きされているという前提で、私はわざと首塚や呪術系の話題を避け、先日夢の中に現れた不思議な三つ鳥居の話をして、翌月の連休の際に「秩父三峯神社」へ行こうと思っていると何げなく語った。

するとと、突然。

北林はテーブルに拳を叩きつけながら表情を歪めて、こう言ったのである。

「三峯なんかに行くなよ」

友人の突然の豹変に目を丸くしていると、

「折角の連休なんだろ？　もっと他にいい場所が沢山あるだろ？　何故三峯なんだよ？　いいか、三峯なんかに絶対行くんじゃないぞ！」

翌週の日曜日、私は家内を車の助手席に乗せて、国道一四〇号線を長瀞《ながとろ》から西に向け、秩父三峯神社へと向かっていた。あの日、三峯の名前を出した途端に豹変した北林を見て、私は現在の自身が置かれている現実というものの儚《はかな》さを、改めて痛感したのである。

明らかに、北林は何かに「取り憑かれている」。

彼と別れてから改めて資料を調べ直すと、埼玉県や東京の奥多摩、そして長野県の一部に「オサキ」という、イズナと似た憑き物現象があり、今では失伝しているが、この「オサキ落とし」をしていたのが、何と「三峯神社」だったのだ。

それでは、御厨が北林に施した鬱病治療の正体とは――。

何故友人は、突然あれほど元気になったというのか。

けもの使いは実在したのだ。

そう、あの「首塚の怪人」は聖地・将門首塚の性質を利用しながら、「何かの邪術」を行っている。そうでもなければ、私ですら行ったことのない三峯を北林があんなに忌み嫌ったのか、理由が全く分からない。

彼の急激な健康回復は「けものの憑依」の副産物によるものではないか。

もはや、細かいことはどうでも良かった。

この件にあれこれと理屈を付けている暇はない。私は予定を前倒しして、家内に秩父へドライブに行かないかと持ち掛け、三峯神社に向かったのである。

だが、この予定にそんな裏があるとは思っていない彼女は、マイペースであちこちの観光スポットへ立ち寄ることをねだり、秩父市に到着した辺りで、時刻は午後一時を回っていた。

「この近くに『秩父神社』ってのがあるんだって。折角だから寄っていこうよ」

実を言えばこの日の行動も、あの魔人・御厨に筒抜けなのではと気を張っていた私は、早くけもの落としの社・三峯に到着したかったが、まさか「首塚に巣食う呪術師に対抗するために、けもの祓いの社に行く」とも言えず、渋々その言葉に従って秩父信仰の中心「秩父神社」の駐車場に車を乗り入れた。

だがそこで、私は驚くものを目にする。

それは社務所に鎮座していた「北斗妙見神像（北極星を神格化した神）」である。玄武という亀に乗った若武者風の像は俗に言う「千葉型妙見」と呼ばれるものであり、それは私の自宅の神棚に鎮座している神格でもある。

「……どうして、こんな場所に千葉型妙見が……」

何か悪い夢でも見ているような気分になった。というのは、平将門公は領地を狙う叔父良兼との染谷川の交戦で窮地に立ったところを、突然現れた若武者姿の妙見に救われたという伝承が「源平闘争録」などの記述にあり、それから将門公は妙見神を信奉するようになったという。そしてこの形の妙見神は、将門公の叔父である平良文から千葉氏へと継承され「千葉型妙見」或いは「将門系妙見」と呼ばれるようになる。

しかも神社の案内によれば、この妙見信仰を秩父に持ち込んだのも、先の平良文であるという。私が神棚にこの妙見神を祀っているのは、先に述べた某陰陽師を慕っての影響（北斗妙見は陰陽道七十二種の霊符を司る「鎮宅霊符神《ちんたくれいふ》」と同一視される）であるのだが、実は将門公もこの妙見神を信奉していたのである。

ここまで来ると、違う意味で気味が悪くなった。

初参拝の折りに、何故「将門首塚」に触れるという椿事が起きてしまったのか。不快な思いをして二度と立ち寄るまいと思った首塚に、何故再び引き寄せられ、こうした羽目に陥ってしまったのか。

「一〇〇パーセントの場所」は、私に何をさせたいというのだろうか。

チラチラと見え隠れする「何か」。

そして秩父の有名な狼信仰の社は、妙見神の鎮座するこの秩父神社を中心に、円を描くかの如く配置されているということを、このときの私はまだ知らなかった。

――やはり、何かが動いている。

秩父市から三峯へと向かう私の胸中はざわついていた。

秩父神社から約三〇キロ、漸く道路の端に「三峯神社」という案内の文字が目立つようになってきた。そう、賢明なる読者の皆様はお分かりだと思うが、この事件で、私は初めて狼信仰の聖地・三峯神社へと足を運んだのである。途中、何か所かの観光地へ立ち寄ったせいで、到着は午後三時を回っていたが、季節は秋の中頃で少々蒸し暑く、日はまだ十分に高かった。

しかし、山道の向こうにあった広い駐車場に車は数台しかなく、人影は殆どない。この頃の三峯神社は現在の盛況ぶりからは考えられない程、夕刻になると参拝者の姿が少なかった。三つ鳥居周辺の売店等もガランとしていてもの寂しい、拝殿へと向かうのは私と家内の二人きりで、辺りはシンと静まり返っている。

「ちょっと怖いね」

家内が傍らで呟く。やがて鮮やかな朱色で塗られた巨大な随神門《ずいしんもん》と、その横を守護する阿吽の狼像が見えてきた。

すると。

彼女は気が付かなかったようだが「それ」は猫が予期せぬものに驚いて、バンッと尻尾を膨らませ横っ飛びをした気配に似ていた。「それ」は振り返った私の頭上を軽々と飛び越えて、背後の遥拝所《ようはいじょ》の方角へと逃げるように飛び去った。

（今のは何だ？）

肉眼では見えなかったが、直感的に、付き纏っていた御厨の使い魔が逃げたのだと思った。私はもう一度、目の前に聳え立つ巨大な朱色の門を見上げた。

ここは、そういう場所なのだ。

使い魔程度の「けもの」が入ることなどできない領域なのだと。

相変わらず周囲に人の姿はなく、私と家内は石灯籠の並んだ参道を黙々と歩いた。

「ね、ここって普通の人が来ちゃいけない神社じゃないの？」

左右に佇む狼像の圧に耐え兼ねて、家内が私の袖を引く。

「とりあえず拝殿まで行って、参拝だけは済ましてこよう」

杉の巨木が並ぶ参道を歩き、やがて石段の向こうに壮麗な彫刻を施した、立派な拝殿が見えてきた。

（これが、秩父三峯神社か……）

拝殿奥の祭壇。その両脇に佇む阿吽の白狼。

そこから放たれる凄まじい圧に、気後れを感じたその刹那。

しゃん、しゃん、しゃん、しゃん……。

たった今、私と家内が登ってきた石段を、錫杖《しゃくじょう》の音を響かせながら何者かが登ってくるのが見えた。頭襟《ときん》に鈴懸《すずかけ》、引敷《ひっしき》に手甲脚絆《てっこうきゃはん》で身を固めた山伏である。

山伏は、先に参拝をしていた私達に一礼すると、拝殿前で二礼二拍手一礼の作法を行い、それから社務所で御眷属様の姿が描かれた掛け軸を購入すると、拝殿の前で祝詞と心経を唱えても宜しいかと声を掛けた。

(狼行者《ろうこうしゃ》……?)

果たしてそんなものがいるのかは分からない。

ただ、社務所で許可を得た山伏は、もう一度拝殿の前で柏手を打つと、山々に響き渡る張りのある声で「大祓祝詞《おおはらえのことば》」と「般若心経」を唱え出した。

それを見た刹那、脳裏にある光景が過った。


——大手町の、ビルの谷間に木霊する、呪術師・御厨の謎の真言。

これか、と思った私は山伏に合わせて「般若心経」を唱え始めた。異談怪談を蒐集し始めてから、何かのためにと覚えた心経は教本なしでも空で唱えられる。「大祓祝詞」に関しては山伏の口調を真似てトレースした。

一通りの読経と祝詞を終えると、山伏は私達二人に一礼して、錫杖を鳴らしながら、ゆっくりと石段を下っていった。

「ねえ、何か怖いよ。もう帰ろうよ」

家内がシャツの袖を引っ張ってそう漏らす。日も大分傾いてきていたので、私は拝殿内の白狼達に一礼すると、神社駐車場の方へ歩き出したが、あの山伏の姿は既に何処にも見えなかった。


夕暮れに包まれる三峯の参道を歩きながら、私みたいな小物のホラー作家崩れが、何故このような事件に巻き込まれてしまう羽目になったのかと自問していた。

これについては後に『方違異談』収録の「黒蟠虫」や本書の「青い男」に登場するセミプロ霊能者の希美さんがあるヒントを示唆してくれた。それは初対面の折りに私を見た印象「プロの霊能者っぽく見える」のが原因ではないかと。

本書や別シリーズでも何度か述べているが、私は「やや感じるかも」程度の人間に過ぎないのだが、取材時に「かなり霊感が強い」と言われることが両手の指では足りない位あったりする。ある土着神を祀る家の視える御当主からは「……で、あんたとこは、何をお祀りしてらっしゃるのかな？」と問われたこともある。

先の希美さんの弁によると、祓い師・霊能者といえば厳しい修行を経て、人格の完成とともに「霊能力」を得た者と一般人は思いがちだが、実は「格闘技の世界」とよく似ていて「強そうな人間」を見ると喧嘩を吹っ掛けたくなる輩が大勢いるそうなのだ。彼女はその方面の能力セミナーでそういう人間を沢山見たそうで「こいつできそうだな」と思った人間に軽く「気」や下級の「式」をぶつける。そして、それを弾いてしまったり動じなかったりすることで、相手の力量を推し量る荒っぽい輩がいるという。彼女も二度ほど「式」をぶつけられた経験があるそうなのだ。

「籠さんの場合は、見た目が『そんな感じ』で、お友達が『陰陽師を祀る家系』ということを漏らしてしまったので、同業者と勘違いされたんじゃないですかね？」

実は、私自身もこの希美さんの推測が、この首塚事件の真相に一番近いのではと考えている。憑き物を操り病人を回復させ、遠方の事象すら見抜く超常の呪術師が、小物の怪談綴りにあれほど拘《こだわ》る必然性がないのだ。

だとすれば、とんでもない迷惑を被ったということになるのだが、当時の私はそこまでに考えが至らず、自分は何に巻き込まれてしまったのだろうと、半ば途方に暮れている感があった。

　閑話休題。

　聖域と俗世の境界である三つ鳥居を潜り、私と家内が駐車場に停めてあった車の座席に乗り込んだ辺りで、不意に携帯のメール着信音が鳴った。誰かと思えば送信者は北林である。何の用だと画面を開いた私は衝撃を受けた。

「――やあ、今首塚なんだけど、ここに御厨さんいるんだ。××君が、きっと私に聞きたいことがあるだろうから、メールを送ってくれないかと頼まれてさ――」

　思考が五秒ほど停止した。

　この夕暮れ時に北林と御厨の二人は首塚で何をしているというのだろう。そしてこの口ぶりは、まるで私が三峯にいるということを知っているかのような言い回しだ。

　気を取り直して、すぐさま返信文を打つ。

「――聞きたいことなんか、何もないけど――」

　精一杯強がったつもりだったが、次に戻ってきた北林からのメールに、私は沈黙するしか術がなかった。

「――『上手く外したね』って御厨さんが言ってるけど、何のこと？――」

私は黙って携帯を閉じ、掌で顔を覆った。

いるのか。こんな奴が本当にいるのかと。

現実が小説を凌いでしまった瞬間でもあった。もう私は創作の物語など書けないとまで真剣に考えた。僥倖《ぎょうこう》とはいえ、私が御厨の「使い魔」を剥がしたことを承知で、こいつはわざと北林にメールを送らせているのだ。

こんなことが、本当にあっていいのだろうか？

「どうかした？　何のメールだったの？」

何でもないと首を振った私は、車のエンジンをスタートさせた。


三峯神社を訪れた翌日の晩、私は北林の自宅を訪ねた。

携帯に送られてきたメッセージを見て、私は改めて御厨の危険度というものを再認識したのである。無知な北林をこのまま放っておくのは危ないと、私は「旅行土産が生ものなので」という口実を付けて彼の家へと向かった。

「おう、よく来たな。入れよ」

ニコニコと笑いながら、北林は私にソファを勧めた。

「で、どうだったの旅行？　何処に行ったの？」

私は手にしたブラフの菓子折りを彼に手渡しながら「あのさあ北林……」と本題を切り出そうとした。

「何。どうしたの？」

友人は笑顔を刻みながら身を乗り出す。その肩口に何かが乗っている。

それは物理的に「視えた」とは言い難い。

まるでダウンロードされたデータが、粗い骨組みだけのポリゴン画像を脳内に再生させている、そんなイメージで「視えた」。そいつは微笑む友人の背後から、牙を剥いてこちらを威嚇している。

小型の狐に似ていた。

「……悪い、急用を思い出した。帰るわ」

そんなベタないい訳しか思い付かなかった。ええ、今来たばかりじゃんと戸惑う北林を尻目に、私は逃げるように彼の家から飛び出した。

「──そんな理由で、妙な呪術師崩れに絡まれるわ、変てこな『けもの』に威嚇されるわで、かれこれ三か月位、生きた心地がしていないんだ。何かいい知恵ないかな？」

行きつけのデニーズで私は頭を抱えていた。

相手は当時付き合いのあったミサキという友人の女性で、かなり霊感が強く、当時、様々な霊体験に対する意見やアドバイスを貰ったりしていた。

「……いやもう、そのレベルになっちゃったら、雑誌の心霊相談に投稿して、プロの霊能者に何とかしてもらうしかないいんじゃないの？」

数多くの霊体験をしているというミサキは、馬鹿にすることなく私の話に付き合ってくれたが、そんなの相手じゃどうしようもないと顔を曇らせた。

勿論私の方でも、彼女にあの首塚の魔人を何とかしてもらおうなどと考えていた訳ではない。単純に今の自分の境遇を「話の通じる相手」に愚痴りたかっただけに過ぎない。

「……とにかく御厨の呪術の源は『首塚』なんだ。あれほど参拝者の来る場所だから、あいつが削がれた『呪力の補充』は無尽蔵で、一度や二度弾いても屁でもないんだろう。だから御厨は余裕でメールなんか送ってきたんだ。その点こちらは三峯に行くだけで一日掛かりだし、次から次へとあの狐みたいなのを送られてゴリ押しされればジリ貧だ。奴を何とかあそこから引き剥がせればなあ……」

　正直、当時の会話をここに再現させるだけでも正気を疑いたくなる。まるで伝奇ホラーの場面そのものだ。傍で他人が聞いていたら、どう思っただろうか。

「来週、三峯に行く予定だった連休が空いちゃったので、うちのが伊豆の温泉浸かってのんびりとか、全然そういう気にならないんだ。呪術は相手に呑まれちゃったらまずいらしいんだけどなあ……」

「こういうのは、弱気になったら思うつぼだよ……」

　そう言い掛けたミサキの顔が、突然かくんと下を向いた。そして顔を上げるなり、突然妙なことを口走ったのである。

「……伊豆に行くのなら、伊豆山の近くに『身代わり不動』という場所がある。そこでお祓いの祈願をしてきなさい。但しこのお不動様は非常に気位が高いので、願が叶ったら、御礼参りは絶対忘れないように……」

　視線が宙を彷徨《さまよ》っている。

　戸惑う私の前で、ミサキの表情が普通に戻った。何があったというのだろうか。

「……ミサキ、何処でそんなこと知ったの？」

「え、今、私、何か喋ってた？」

ミサキは、何のことか分からぬ素振りで小首を傾げた。


三峯での体験から、僅か十日後の土曜日。

私と家内は「身代わり不動」こと、大明王院・熱海別院本堂内の祭壇前に座っていた。

友人の口から漏れ出た「謎の託宣」に従うためである。

自宅に戻ってからパソコンを起動して検索すると、ミサキが口走ったその寺院は確かに存在した。それどころか、この大明王院は川崎に本拠があり、京都の真言宗醍醐寺の別格本山（本山に準じた待遇を受ける、特別な格式を持つ寺院）に当たる、由緒正しい場所でもあったのだ。

一体、私は何に巻き込まれているというのか。

御厨が新たな呪詛を放った可能性もあると思ったが、私は伸《の》るか反るかの「賭け」で、この大明王院を頼ってみることにしたのである。家内には「今度の旅行のコースの途中に有名なお寺があるから、そこで厄払いの御祈祷を受けてこよう」と根回しをしておいた。

鮮やかな紅白の外観とは裏腹に、寺院本堂内は凛とした空気が満ちている。奇しくもこのときの祈願者は私達夫婦だけであったが、時間と同時に七人もの僧侶が現れ、護摩の炎が点火、荒々しい護摩祈祷が開始された。

――ナウマクサンマンダ、バザラダン、センダンマカロシャーナ、ソワタヤ、ウンタラタカンマン、ナウマクサンマンダ、バザラダン、センダンマカロシャーナ、ソワタヤ、ウンタラタ、カンマン、ナウマクサンマンダ、バザラダン――。

太鼓や大鏧《だいきん》が堂内の空気を震わせ、七人の僧侶が唱える力強い不動明王真言と、燃え上がる護摩の炎の猛々しさに、私は呪術師に付け狙われているという現在の境遇も忘れて、激しいリズムの読経に心を奪われていた。

ちょっとしたイベント気分であった。

今でこそ成田山や西新井大師の護摩に、当たり前のように参加しているが、いわゆる護摩祈祷というものを受けたのも、この首塚事件のときが初めてである。

辿り着いた伊東の宿で、家内と先に訪れた大明王院の護摩の迫力と感動を語り合っていたとき、突然、携帯のメール着信が鳴り響いた。北林からである。

何かと思って画面を開いた私は両眼を見開いた。


「——××君、世の中には、神も仏もないのかよ——」

そんな出だしで綴られたメールの内容は……。


その日の午後、職場復帰を目指していた北林は、奥さんとともにアスレチックジムでトレーニングをしていたところ、突然「てんかん」のような発作を起こし口から泡を吹いて倒れ、救急車で病院に緊急搬送されたという。医師の診断では「原因不明の激しい肉体疲労」を起こしており、暫くの入院措置が必要との判断を下されたと記されていた。どうやらメールは病室から送られてきたらしい。

「——もうちょっとで職場復帰できたところなのに、何故俺ばかりこんな目にばかり合うんだ？　世の中には神様も仏様もないのか？　何故俺ばかりこんな目に？　なあ、××君、どうしてなんだ？　教えてくれよう——」

私はテーブルに置かれた「身代わり不動」の祈祷札を一瞥《いちべつ》してゾッとした。

護摩祈祷の開始時間は、確か十三時からだった。

　すると祈祷が始まったその時間と、ほぼ同時に北林は倒れたことになる。

「お祓いしてくれた神社を足蹴にして邪術に走って、何が『神も仏もない』なんだよ」と呟き、私は黙って携帯を閉じた。同時にある考えが脳裏を過っていた。

「身代わり」

　巷で見掛ける「身代わり何とか」というこのワードを、私自身も完全に舐め切っていたということである。勿論確認をしたという前提ではない。だが三峯で私に送り付けてきたメールの予告通りに、首塚の魔人・御厨が再度呪詛を放っていたとしたら、今の時点でそれを受けたのは「誰」になるというのか。

「厄災消除」の祈願を掛けて、私の「身代わり」となった大明王院の不動明王に御厨は「呪詛」を仕掛けたという構図にならないだろうかと。

　そして、これは凄まじい威力の「呪詛返し」にならないだろうかとも。

　私はこのとき改めて「悪魔降伏」の利益を持つ「明王」という尊格の恐ろしさを知った。恐らく呪詛は弾かれて自身に返り、怪人は何らかのダメージを被ったのだ。そのため、北林に憑けていたあの「狐」が剥がれてしまい、彼も倒れてしまったのだ。

である。

だが、ここで一つの疑念が湧く。

ミサキの口を借りて私に大明王院へ行けと示唆したのは「誰」だったのかということである。

私の不安を他所に、旅先の伊豆ではそれ以上何も起こることはなかった。

帰宅すると、部屋を取り巻いていた重苦しい空気も消えている。私はデスクの背後の高い位置に祈祷札をお奉りし、ミサキにことの次第をメールで報告した。

そして、そこを起点にして、身の回りのトラブルも嘘のように収まり始め、自然に鎮静化してしまい、私は久々にひと息つける時間を得た。

北林には、メールの返信も見舞いに訪れることもしなかった。折角お不動様が私と御厨の間にできてしまった「呪詛の道筋」を断ってくれたのに、再びそれを繋いでしまう気がしたからだ。

そこから年末に至るまでの三か月、私の身の回りには何も起こらなかった。

恐らく御厨は、私が今回どういう手法を用いて「呪詛」を弾いたのかが判然としなかったので、迂闊に手を出すことを恐れたと考えている。しかも手駒として使っていた北林が入院してしまったので、探りも入れられない。

それは幸運だと言えば幸運なのだが、根本的な問題は解決していない。

北林が療養から戻れば、御厨はまた彼に「狐」を憑けてこちらに探りを入れ、手の内を見破ればそれを打ち破る呪詛を送ってくるだろう。しかも通説によれば、祈祷札の効力の期限は一年間である。そこまでに、あの魔人を倒す方法、或いは首塚から引き剥がす方法を考えなくてはいけない。

ゆっくり、しかし、じりじりと時間だけが過ぎていく。

その時期の私は自分の背にある不動明王の祈祷札に手を合わせながら、毎日そんなことばかりを考え続けていた。


そして、年明けからひと月。

少し重い気分を引き摺りながら、私は年頭に発売される竹書房の『「超」怖い話』シリーズの最新刊を書店で入手していた。その年に発売された『「超」怖い話』は「人類最後の恐怖爆弾」と帯に描かれた『「超」怖い話Ｈ（イータ）』である。

昨年十月の「身代わり不動」での祈祷日から、私の身辺には何の怪異も起こることなく、小康状態を維持していた。北林は年度末に退院したとメールがあったが、職場復帰はまた半年延びたという。また自力で動けるようになれば彼は御厨を頼って首塚に通い出し、報告と称して私にメールを送るだろう。

この頃の私は更に多少の呪術知識を付けていて、このメール電波にも「式」や「呪詛」が載ると考えるようになっていた。今風に言えば「呪詛」と「メール」の受信送信は術式＝理屈がそっくりなのだ。もしも御厨がそこに目を付け出したら、昨年の二の舞になることは目に見えていた。

何か手を講じなくては、という静かな焦りが心にある。

異常な現実から僅かな時間でも目を背けるために、私は購入した『「超」怖い話H』のページを捲り、そこに展開される怪談世界の領域へ、暫しの間、身を浸した。

（こんな世界が、本当にあるんだからなあ……）

文章の中から滲み出る異形の空気感と、昨年から巻き込まれた「首塚の呪術師」の事件を脳裏で重ね合わせ、私はふうと溜め息を吐いた。

最後のページ「十五周年」と題された加藤一氏のあとがきを読み終えて苦笑いを浮かべたのだが、ふと気付けばまだ紙面が残っている。

あれ？　と思いながらページを捲ると、そこにはこんな告知がされていた。

〈「超」怖い話十五周年特別企画　超-1〉

どういう趣旨かと改めて読み直すと、どうやら怪談界に長く歴史のある『「超」怖い話』シリーズの新著者募集のための公募企画で、本文冒頭にも述べたそのための怪談投稿大会開催の告知であった。

（ああ、怪談なら手持ちが沢山あるし、モノ書き志望だし、現在こういう状況でなければ、是非参加してみたいな……）

そうして本を放り投げた後、私はあることに気が付いてもう一度『「超」怖い話H』を拾い上げた。

「……これは使えるだろう……」

それは咄嗟の閃きだった。

丑の刻参りを始め、多くの「呪詛」と呼ばれるものは、そのカラクリを看破され、多くの人間の目に触れてしまうことによって効力を失ってしまうという。

そう、仮に私がネットにHPを立ち上げ、そこに首塚の怪人・御厨の行為を綴ったとしても、そこにやってくる人間の数は高が知れている。

しかしこの企画は怪談フリークやジャンキーと呼ばれる大勢の人間達が、恐らく注視注目することになる「公募怪談大会」なのだ。そして、現段階に於いてもなお信じられない方もいるかもしれないが、この「首塚の呪術師」事件は私自身が体験した「体験談」である。だからこの場所でそれを「晒して」しまえば、結果的に御厨の所業を大勢の人間が知ることになる。中には野次馬根性で確かめに行く輩も出るかもしれない。怪談ジャンキーとは基本的にそういう人種なのだ。

そうして大勢の人間が彼の所業を知り、首塚を訪れて「呪術師ホントにいる〜」となったとき、御厨はどうするのだろうか。

ここで大事なのは「この話を信じる・信じない」ではなく「呪詛・呪術を公衆の前に晒される」という点である。自身の所業が人前に晒されていると魔人が気が付いたその刹那、その呪詛は看破されたことになり、自身に跳ね返る。

(試してみる価値はあるな)

私はすぐさまパソコンを起動すると、この「首塚の呪術師」の出来事を徹夜して一晩で纏め上げ、作品受付の開始とともに、すぐさま投稿した。開催初期に投稿されたものは、誰もが興味を持って目を通す。そこが狙い目であった。

但し、このときに投稿した作品には、本書で述べた三案や身代わり不動でのエピソードは全てカットしてあり、単純に将門首塚で呪術師もどきに目を付けられた作家崩れが執拗《しつよう》に追い回され脅えるだけの内容に留めている。

（さあ今度はどう出る、首塚の呪術師？）

「超-1」サイトの評点をモニターで見ながら、私は心の中でそう思っていた。これが古式豊かな「呪詛返し」であれば御厨も備えはあったかもしれない。しかし、ウェブサイトを用いての反撃であれば、あの魔人と言えど予想外だろう。まさかネットの怪談大会で、自身の行為が注視されているとは考えていないだろうから。

そして、私の読み通り、この作品に対しては否定的な意見やマイナス評点が殺到した。しかし、それはどうでもいいことであった。「こんな場所でそんなことがある訳がない」という否定の念が、あのときの線香の煙のように御厨の儀式を邪魔してしまうからである。呪術とはそういうデリケートな一面を持ち合わせているのだ。

怪談著者発掘大会・第一回「超-1」はウェブ上で異様な盛り上がりを見せ、そこを足場として現在の怪談界で活躍を遂げている人材を多数輩出する、記念的なイベントとなった。だがその陰で、この大会を用いて「呪詛返し」を兼ねた挿話が存在したということは恐らく誰も思っていないであろう。この手法は一手間違えば「私はそんな行為をしていない」と御厨から訴えられたかもしれない。

しかしそれをすれば、彼は自分自身に「呪」を掛けることになる。「あの場所」で儀式などしていないと口走れば、それは「場の主に対する不敬」で、御厨の祈祷は今後一切首塚で意味を成さなくなる。彼は否定も肯定もできない。あれだけこちらに自身の手腕を誇示してきた輩だ。逆にその手には出られないだろうと踏んでいた。

(これは正に、現代に於ける呪術戦だな)

私は手持ちの怪談話も文章化して一投稿者となりながら、情勢を見守った。

やがて多くの作品や書き手のコメントがサイトに挙げられ、某巨大掲示板のオカルト板にも、「超-1」大会優勝者の予想が多く話題に上るようになった。

その最中である四月の中頃、私の携帯に、ある一通のメールが届いた。

「××君、元気？　今、首塚にいるんだけど、御厨さん『あなたと仲直りをしたいから〈作品〉を取り下げてもらえないか』と言ってるんだけど、何のこと？」

効いた。この現代風の「呪詛返し」は奴にも効いたのだ。

さしもの首塚の魔人も初体験のものだったろう。相手に付き合う愚行を犯さず、私は御厨や北林に対して、一切の沈黙を決め込んだ。

実話怪談投稿大会「超 - 1」は多くの怪談執筆者と愛好家の賛同を得ながら大きな盛り上がりを見せて閉幕した。そのうち上位ランカーと呼ばれた幾人かの執筆者は、現在、怪談界でも精力的な活躍を遂げている。

私の順位は凡庸なものに終わったが、収穫は十分にあったということをこの場を借りてお伝えしておくこととする。やがて二〇〇六年夏発売の『「超」怖い話Θ（シータ）』の結果発表を確認した後、私は約一年ぶりに将門首塚を訪れた。

北林からの連絡もあれきりであったが、果たして魔人は、まだそれでもあの場所で祈祷と儀式を続けているのだろうか。

その週末の土曜日、供物を抱えておっかなびっくり首塚を覗き込むと、そこには誰の姿もなかった。塚の周りにあった「例の敷石」も撤去されていて、それはあの呪術師がここから撤退したことを意味していた。

かつての将門首塚には、境内の片隅に大理石のベンチがあった。私はそこに腰掛けて一時間ほど様子を窺っていたが、あの巨体の魔人が姿を現すことはなく、訪れる参拝者が真摯に手を合わせる、厳かな光景だけが黙々と続いた。

「漸《ようや》く、落ち着いた様子ですね」

私は立ち上がり、花束と御神酒を首塚に供えると一礼して、その場を去った。

こうして「首塚の呪術師」事件はひとまずの終焉を迎えた。

そして、この実体験を境に価値観と世界観が大きく変化してしまった私は「怪談」という世界に足を踏み入れることとなる。だがこうして振り返ると、出来事の流れの中に、大きな不確定要素が二つ存在することに気が付いている。

一つは事件の真っ只中で、唐突に、三峯の三つ鳥居が登場すること。

これは秩父信仰の中心地である秩父神社の妙見を、将門公の血縁が齎したと考えると、まんざら首塚と無関係とは言い切れない。

だが、二度目の伊豆の大明王院の件は、どう説明するのかということだ。

そもそも将門公は成田山新勝寺に調伏《ちょうぶく》されたのだから、不動明王は敵対関係の尊格ではないかと思われる方もいるかと思う。これに関しては私自身の見解という前提で、こんな事例があると提示するに留める。


平将門公を祀る、茨城県坂東市の国王神社では、古くから将門公の命日である二月十四日に供養として行われる「十四日講」というものが存在するが、そこで講の参加者らによって読み上げられるのは、何故か「不動明王真言」である。

また同市の神田山にある延命院《えんめいいん》には、平将門公の胴体を葬った「胴塚」があるが。相馬の神領《しんりょう》とされるこの「将門胴塚」と目印のカヤの大木は「谷原光不動尊」という不動堂の裏に隠されるようにして、ひっそりと存在する。

現場に足を運んで知る事実であるが、将門公と対立・調伏したとされる不動明王の真言が、通説とは裏腹に「十四日講」供養に用いられている理由は筆者にも分からない。そして故郷の坂東で、将門公の「胴塚」を護るのも、また「不動明王」。

不可思議な偶然に、私は苦笑いを浮かべずにはいられない。

事件終息から数年後、私はある場所で北林とバッタリ出くわした。

以前と変わらぬ調子で「やあ、元気してた？」と声を掛けてきた北林は「××君はまだ神棚とか拝んでるの？」と問い掛けてきた。まあねと言葉を濁して返事をすると、「俺は弟（理学博士をしているとのこと）から「そんなことがあるもんか」と真っ向否定されて、それもそうかと思い始めちゃって、そういうの全部神社に返しちゃったよ」と笑顔で語った。怪談執筆者へと鞍替えした自分とは、もう完全に「住む世界」が違ってしまったと感じた瞬間だった。

彼とはそれきり連絡を取っていない。因みに、そこでは御厨に関しての話題がひと言も出なかったということを加えておく。

二〇二〇年、大手町周辺の再開発工事とともに、首塚周辺も大規模な改修が施された。以前、奥側が視認しづらかった将門首塚は、現在四方が吹き抜けの外壁に変更され、地下鉄出口や道路から、ひと目で見渡せる仕様へと変更されている。

もはやここで、誰かが謎の祈祷を行うことなど、微塵も叶わない。

この聖域を私欲で利用しようとする輩が、二度と現れないことを切に願う。

来ましたよ

とあるビルの、エレベーター乗り場。

二基あるエレベーターの片側にはヘアスタイルをポニーテールに纏めた、青いジャンパー姿の綺麗な女性がゴンドラの到着を待っている。

年齢は二十代位だろうか。共用の乗り物とはいえ、密室で妙齢の美人と二人きりになるのは何か気まずいので、隣のエレベーターの登りボタンを押す。

「エレベーター、来ましたよ」

気を逸らしていると、女性の方から、明るいトーンの声が掛かった。

ハッとして前を見ると、こちらのエレベーターはまだ三階だ。

来てないじゃないかと見返すと、女性は自分の前のエレベーターに歩を進め、こちらに笑顔を向けたまま、閉じた扉の中へずぶずぶとめり込んでいった。

某有名家電量販店での、白昼の出来事だという。

八尾狐《やおのきつね》（追）

初めにお断りしておくが、この挿話には正体不明のあやかしも、おどろおどろしい幽霊も登場しない。にも拘らず世の中には不思議なことが存在するという意味合いで、本書のあとがき代わりに綴りたいと思う。

二〇二三年の二月のことである。

その日、私は家内と一緒に、ひと足遅い、鹿島・香取・息栖の東国三社トライアングルの初詣に出掛ける予定を組んでいた。ところがふとした思い付きで、東京は葛飾区立石にある葛飾熊野神社に立ち寄った。

この葛飾熊野神社は「熊野」という名前ではあるが、ここを勧請したのは、あの有名な陰陽師・安倍晴明公である。宮司の千島氏の口上を借りれば「東京唯一とはしているものの、恐らく関東唯一、晴明公が勧請した神社」という場所でもある。だが晴明公由来の社が割と近所に存在するのは、薄めではあるものの御縁がある私として穏やかではない。神事に参列したり献灯提灯《けんとうちょうちん》をして「どうぞ作家としてデビューできますように」などと、足を運んで願掛けなども行っていた。

その日は気まぐれに御挨拶に行きたくなったのだが、参拝の後、社務所に御朱印を頂きに行くと、そこに昇殿祈祷予定者のお名前があり「西川」となっている。

「あれ？」

西川さんは美しい白狐の日本画を描く女流画家で、私が竹書房の「現代雨月物語シリーズ」の発刊に漕ぎ付けたとき、この神社に御礼として二枚の絵を奉納した。

そのうち一枚は狼画家としてファンの間で根強い人気のあるT川さん（感応の項で登場）の描く、熊野の神使《しんし》「八咫烏《やたがらす》」、そしてもう一枚が、神社の巫女さんとしての顔も持つ、この西川さんの描いた少年姿の「安倍晴明公」である。

「ああ籠さん、西川さんが今日こちらに来られる予定ですよ。もう少しで見えられるはずなんですけど……」

顔なじみとなった宮司さんがそう声を掛けてくれたが、先を急ぐ用事があったため、西川さんに宜しくと御伝言を頼み、私は家内と東国三社へと向かった。

途中の息栖神社で西川さんにメールを打つと「ああ、やっぱり母のいう通りだった」という返信が返ってきて「実は籠さんに相談事があったんです」

その内容はというと、来《きた》る五月に所属画廊のグループ展で「妖怪画」をテーマにした企画が持ち上がり、白狐画を得意とする西川さんは、まず一枚「クダ狐」の絵を仕上げてみたのだが、これまで経験したことのない「疲労状態」に陥り、妖怪を描くということがこれほど大変なものなのかと思ったそうなのである。

「最終目的は『九尾《きゅうび》の狐』だったんですが、こんな調子であの『大妖怪』を描き切れるんだろうかと、もう気後れしてしまって……」

神狐などをいつも描いている西川さんのことだから、妖怪など造作もないと思ってしまうのは素人考えらしい。すると霊感の強さでは類を見ない彼女のお母様が「熊野様に頼んでらっしゃい」と助言をくれたそうなのである。そこで絵を納めた葛飾熊野神社に昇殿されたそうなのだが、その日に私が予定者の名前を偶然見掛けたという算段になる。それはどの位の確率の偶然だというのか。

こういう場合、異談執筆では「相手側に許可を貰いに行く（例えば四谷怪談であれば於岩神社や田宮稲荷、本書では平将門公）」がセオリーなので、同じく「九尾の狐」にお許しを乞いに行くべきなのだが、ちょうどこの頃、那須の温泉神社で殺生石が割れたという椿事が起きたばかりの頃でもあった。

（狐が討たれた那須は、荒ぶっているかもしれない。余りお薦めじゃないな）

ふとそのとき、脳裏を横切ったのは山梨県は昇仙峡《しょうせんきょう》にある金櫻《かなざくら》神社である。この神社は境内に狼こそないが、山梨を代表する狼神社で桜の季節にはウコンの桜が咲き乱れることから、日本三大御嶽の一つ「花の御嶽」とも呼ばれていて、狼札も取り扱っている。ところが何故か、この神社の石段の中程に五本杉と呼ばれる大木があり（現在は三本）そこの稲荷社の狐が「多尾」であったことを思い出したのだ。

「西川さん、山梨の昇仙峡に多尾の狐の像があったことを思い出しました。そこの狐をモデルにしませんか？」

三月一日、私は西川さんと弟さんを連れて、車で昇仙峡へと向かった。

「母が『今日は素晴らしい出会いがあるから』って出掛けに言うんですよ」と、助手席から声を掛けてくる。まあ、私と西川さんの御縁も熊野と狼絡みだ、その位のことは起こるだろうな程度には考えていたのだが……。

いざ現地に到着して、金櫻神社の石段を登ると、狐像は相変わらず鎮座している。だが、九尾伝説がある訳でもない（しかも狼神社である）この社に、何故多尾の狐像があるのかは、自身でもずっと不思議に思っていたことである。

「……こんな多尾の狐像って他の稲荷社では見たことないんですが、どうなんでしょう？

西川さんはお目に掛かったことがありますか？」

ところが伏見や豊川を始め、多くの稲荷神社を歩いている西川さんも見たことがないという。それでもきりりと引き締まった表情と筋肉質の豊かな質感に、十分にイメージを掴めると、スマホを片手に狐像の前後左右を撮影し始めた。

「一、二、三、四……、この狐像、尾が八本ですね」

「八尾の狐？　聞いたことないなあ」

この多尾の狐像は割と新しく、奉納されたのは平成に入ってかららしい。謎ですね、不思議ですねと呟きながらも、製作の手掛かりを掴めた様子で西川さんの表情も硬さが取れている。ここに来て良かったなと思いながら拝殿に参拝をした後、社務所で御朱印を頂くときに、私は長年の疑問を社務所の神職に尋ねてみた。

「あのう、こちらの参道の五本杉のところにある狐像、尻尾が八本ありますよね。あれどういう謂われがあるんですか？」

ちょっと待って下さいねと奥に引っ込んだ神職からは、意外な返答が来た。

「あれ、元は『九尾の狐』だったそうです」

「は？」

私と西川さんは顔を見合わせた。それは一体どういうことなのか。

「詳しいことは、私も分からないんですけど」

一瞬、非常に妙な空気が漂った。九尾の狐は描きたいが、妖狐に向かって直接交渉はちょっと危ないかと関連のなさそうなこの神社を選んだのに、結局九尾の狐に引き寄せられていないかと。

しかしこれは逆に考えれば、九尾サイドから「こっちの姿なら描いてもいいよ」という具合に取れなくもない。どちらにしても何らかのメッセージ性がありそうだからと西川さんと話しながら、もう一度稲荷社に立ち寄って狐に手を合わせていたときだ。「お待ちくださーい」と先ほどの神職さんが石段を駆け下ってくる。何事かと思いきや、境内の案内図を片手に「こちらに二行だけですが、逸話が書かれています」とのこと。そのためにわざわざ長い石段を下って追い掛けてきてくれたのかと御礼を述べると、神職さんは再び、石段を登って戻っていった。

「ここに寄ってなかったら、もう車で出発していた頃ですよね」

不思議な巡り合わせに首を捻りながら、その案内図を見ると八尾狐とあり「元は九尾だったんだけど、悪さをして、尻尾を一本取られちゃったんだ」と、簡素な説明書きが。

「何ですかね、この説明文は？」

西川さんも首を捻りながら、

「籠さん、私も制作する側である以上、キチンとこの狐の素性を調べないと納得が行きません。もっと詳しく調べてみますね」


昇仙峡から戻って数日後、ＳＮＳを通じて、西川さんから一通のダイレクトメールが届いた。

「籠さん、あの狐の正体が分かりました……」

その内容に目を通して、私は驚きを隠せなかった。

どうやら金櫻神社の稲荷社にいたあの八尾狐のルーツは、岡山県にある「日本第一熊野十二社権現宮」の境内社である「八尾羅宮《はっぴらぐう》」にあるらしい。

大まかな内容を示すと、次のようになる。

――栃木県那須で討たれて殺生石《せっしょうせき》と化した九尾の狐は更に玄翁和尚の鎚《つち》で砕かれたが、その破片は日本各地に飛び散り、それらの地域で再び狐と変化して大暴れをした（諸説あり）この岡山の児島《こじま》地域でも複数の九尾狐が大暴れをして作物を荒らし、人々は困り果てて熊野権現に助けを求めた。すると「我が境内の西側に新しく狐の社を建てろ。そうすれば狐は大人しくなる」という内容の神託が降りたのである。そこで熊野権現の境内にこの「八尾羅宮」を建てると狐達は改心して、この地域を守護する誓願を立て、証文代わりに自らの尻尾を一本切り落として差し出したという。

どうやら金櫻の八尾狐の逸話は、この岡山の「八尾羅宮」の狐伝説が源流で、熊野修験者が東海・関東へと北上するに伴い、同時に伝わっていたものと見るのが妥当のようだ。金櫻神社は元々修験の社である。

とにかくこうした形で金櫻神社の「八尾狐」の謎は解けた。だがこの一件を俯瞰《ふかん》的に見ると、私も西川さんも、まるで誰かの掌の上で踊らされていたような空気感が否めないのである。

一番初めの依頼ごとであった「九尾狐を描きたい」という西川さんからの相談が「八尾狐＝熊野権現＝八尾羅社」、或いは「葛飾熊野＝金櫻神社＝日本第一熊野神社」という図式を経て、有名な那須の殺生石を見事にスルーしながら「九尾の狐」に辿り着いてしまっているのである。

この件に関して、私は頭を抱えた。

私は初め、西川さんのお母様から「熊野様を頼りなさい」という言葉の解釈は、絵を奉納した社だからと捉えていたが、結局、熊野権現は九尾狐と絡んでいた訳でもある。つまり熊野経由でことを運べば、神使としての九尾を描けることとなる。

ここで少し補足しておきたいのだが、西川さんのお母様は「クリスチャン」であり、神社の昇殿参拝も葛飾熊野の奉納絵の拝観が初めてで、私や西川さんすら知らなかった岡山の熊野権現と九尾の狐の関わりなど知る訳がないのである。

西川さんのお母様は、ことある都度「あら私そんなこと言った？」と笑ってはぐらかすのだが「では、それを言わせているのはどちら様なんでしょうか？」というのが、私の正直な心象なのだ。

このような顛末を迎えながら、西川さんの「九尾の狐」は五月の所属画廊のグループ展に出展が叶った。全身に青白い霊光を纏い、夜空を翔《か》ける姿の「九尾の狐」は、これまで彼女が描いてきた白狐とは一線を画した力作で、どちらかというと「妖狐」というより「天狐」に近いイメージに仕上がっている。そしてよく見ると、その尾が一本見えづらい位置にあるのは「八尾狐」も意識してのことなのだろうか。

この件を経て、西川さんの画風にも新たな風が吹いたと私は感じている。

そして、もうひとつ。

実は「八尾狐」は重病で伏せる三代将軍・徳川家光の枕元にも現れていて「あなたの病気は間もなく治まりますので御心配なさらぬように」という託宣を与え、その言葉通りに将軍の病気は回復、家光は夢に現れた「八尾狐」の姿を、お抱えの絵師・狩野探幽に描かせている。

これは春日局が書いた「東照大権現祝詞」の中に記載されている、れっきとした事実である。

そして西川さんが奉職されている神社は「徳川家」と縁の深い社なのだ。

現代異談　首塚の呪術師

2024年3月7日　初版第一刷発行

著者……………………………………………………………………………籠三蔵

カバーデザイン…………………………………………………………橋元浩明（sowhat.Inc）

発行所…………………………………………………………………………株式会社 竹書房

〒102-0075　東京都千代田区三番町8-1　三番町東急ビル6F

email: info@takeshobo.co.jp

https://www.takeshobo.co.jp

印刷・製本…………………………………………………………………中央精版印刷株式会社